職涯新思維帶你看見
職業發展的無限可能！

foreword

XChange互聯網大學5th負責人／
職游股份有限公司共同創辦人

曹凱閔 KM Tsao

第一次在 XChange 網路工作者社群認識 Irene 時，只知道她在工作上閱歷豐富；而後深入地交流討論後，才更進一步了解她在職涯上的思考邏輯與脈絡。尤其對於工作剛滿一到三年的職場新鮮人來說，是很寶貴的經驗分享，因此當我知道 Irene 將這些思考架構編輯成冊時，便相信將會對在職涯十字路口迷惘的人們，是一大福音。

有幸在 JANDI、17LIVE、MAYO 等規模不等的新創團隊服務，並在2021年創業線上舞蹈教室 Swipe，然而極少人知道我在大學主修會計，這看似兩不相同的領域，正是透過每一次的自我對話並培養跨領域的能力後，找到適合自己的立命之所。誠如 Irene 書中所提醒的：「盡量避開二選一的限制型思考方式」，我們或許都有更多的可能性發展，並找到更好的自己，何必為了外在的條件因素綑綁住呢？完美的工作也許不存在，但是我們仍可以努力把每個選擇變成最佳解！

而我在累積許多職涯經驗後，與一群志同道合的夥伴創辦了職游，這是一個創新職涯諮詢服務，從內在三角形的興趣、能力、價值觀拆解出心之所向。別去羨慕身旁優秀但不適合自己的職涯選項、別嘗試完美複製另一個人的人生，你就是你，讀完這本書後，期盼你能在職涯的分岔路口，做出最適合自己的選擇！

談話食間新媒體共同創辦人／
破萬收聽人氣 Podcast 頻道——PeiPei沒在鬧創作者

李佩孺 Pei Lee

在經營Podcast的過程認識Irene，當時只是想訪談她做一集節目，沒想到因緣際會下一起創立「談話食間Beyond Your Taste」，成為長期事業合作夥伴。深入了解才知道她的職涯歷程豐富，除了正職工作外也有多重身份。她總是很願意抓住每個可能的機會，一起創業的過程也覺得她總有源源不絕的靈感，不會覺得一件事情只有一種成功方法，而是多方發想出各種創業Idea和商業模式，正如同她對職涯選擇上的看法，不一定要年薪多少職位多好才是成功，每個人都能有最適合自己的出路。雖有台大財金光環，但為人謙虛，也不受周圍同儕亮麗成績的影響，而是透過不斷嘗試各領域和清楚的邏輯分析，進而找出自己職涯的最佳解。

而這也正是我的觀點，大學時期我決定投入餐飲產業，並計畫於30歲創業，這十年間不斷累積餐飲業各方面技能，從門市營運到後

勤行銷，曾於台灣知名餐飲集團任職，也到了美國與當地食品店家合作。覺得研究所畢業不一定就應該在哪間外商大集團，從事大部分人認為這樣的資歷應該從事的工作，而是確定自己大方向和目標後，在對的軌道上持續前進。

　　這本書會帶著大家清楚分析自身現況和職場環境，一步步有系統盤點下決定前的各個元素，但它不是很生硬的工具書，也不會用一種上對下的角度告訴你應該怎麼做，而是就像一個朋友，分享自己選擇的經驗，陪伴你一起找出職涯的方向。我跟Irene常聊到職涯，她曾說過：「努力是為了讓自己有更自由的選擇權，而不是非得選擇大家覺得『好的選擇』。」她就像大家的Mentor，陪伴所有迷惘的大學生和社會新鮮人探討自己未來的發展。

　　相信大家在看這本書的過程中，除了會對自己的人生更有方向以外，也會對於提升軟實力有大大的幫助。也期許翻開這本書的你，可以勇於掌握自己的人生目標和職涯，不一定要做大家都認為「成功」的工作，而是做出一個可以讓自己發揮優勢，快樂的選擇。

Preface

其實一直以來我都有一個作家夢，只是沒有想到，出書的這一天來得這麼快，有點驚喜也倍感榮幸，雖然文筆普通，也時常寫到一半陷入瓶頸，但是想到這本書上市後，能帶給需要的人一點幫助，心情就非常澎湃，希望看完這本書後，你能有種被打通任督二脈的感覺！

這本書是專門寫給對工作現況迷惘的職場新鮮人，不管你是對第一次求職很焦慮的大四生，還是在職場中工作了一至三年的職場菜鳥，都很適合讀讀看這本轉職指南書。同時，也是寫給當年十分徬徨、不知所措的自己，雖然人生不能重來，但我也希望沒必要走的歪路，大家也都能避開，一起在職涯上找到專屬於自己的發光道路。

比起技巧性的純乾貨，書中分享了更多思維與心態的轉換和建議，畢竟心態變了，頭腦思路也會跟著轉變，搭配一點點過去經驗累積來的轉職策略，希望這是一本能陪你一起找到「轉職心法」，能讓你未來的每一次轉職，都能更有把握和底氣的書，而不是本只能讓你找到一份好工作的急救書。

書中有許多需要靜下心來與自己對話、思考的問題和練習，所以非常建議拿出你習慣的思考工具、筆記方式，例如白紙、筆記本或是 iPad 來搭配使用，會更有效果！

首先，分享給你在職場中我體悟到的重要心法，也是陪伴我把職涯大體而言越走越順的祕訣，也希望這是看完書之後，你能一直記得並帶著在職場上打拚的收穫！

接下來，陪你從最源頭的「釐清轉職問題」開始，搞清楚轉職的推力和拉力，以及除了離職和撐下去這兩個選擇之外，我們還能如何把職涯難題當作開放題，突破框架客製化作答。

決定轉職之後，和你們一起根據自己的生涯目標，以終為始地由大往小推斷，從職涯規劃推斷至具體的下一步。

最後，書中也提供可以實際運用的離職洽談要點和轉職策略建議，透過各式各樣的練習和表格，一步步陪你把下一份理想工作拿到手，也為自己的職場人生留下善緣和後路。

目前我也還在職場中努力累積亮點成就並持續學習，雖然尚無可以炫耀的成功標籤，或是豐富的職場歷練，但是相信距離新鮮人還沒有很遙遠的我，可以運用貼近新鮮人的角度和觀點，與你分享在職涯中的真實經歷和心路歷程，分享過往我在每個職涯選擇題中，如何思考、拆解問題、做出選擇，以及用什麼心態面對不如預期的狀況，和你一起把職涯路越走越順！

Aline Cheng 艾琳

$\mathcal{C}ontents$ 目·錄

006 ▶推薦序——曹凱閔 KM Tsao

008 ▶推薦序——李佩孺 Pei Lee

010 ▶作者序

Chapter 1

獻給職涯倦怠期的你：
在職涯路上越走越順的祕密心法

018 ▶完美工作可能並不存在

021 ▶下一份工作不一定樣樣都比上一份好

024 ▶只因為很夯，就轉行或轉職，可能會後悔

027 ▶請盡量避開二選一的限制型思考方式

037 ▶選工作最不該妥協的條件：是否適合你！

Chapter 2

轉職第一個難題：
究竟該留下來，還是轉職去？

045 ▶常見情況一：目前工作沒有特別不好，不過有點倦怠了

049 ▶常見情況二：我不喜歡目前工作的一切

052 ▶常見情況三：我滿喜歡目前的工作，但還是有些不滿意
的小地方

056 ▶馬上來釐清真正的問題點吧！

Chapter 3

留下來，真的是個「不勇敢」的決定嗎？

064 ▶其實留下來，還有更多你沒想到的選擇！

075 ▶隨時讓自己準備好應付萬變

Chapter 4 ▶

決定轉職去，然後下一步在哪裡？

082 ▶你只要換間公司，還是要轉換職涯賽道？

087 ▶轉職思考黃金三維度：地區、產業、職務，缺一不可！

110 ▶比起直接跳到結論斷定自己適合的產業和職務，應該先
盤點「理想工作元素」

Chapter 5 ▶

轉職也要看天時地利人和嗎？

120 ▶工作沒做滿一年，是不是超扣分？

126 ▶現在時機不適合走，在職時間一樣可以很充實！

142 ▶離職後，一定要馬上去下一間公司 on-board 嗎？

Chapter 6 ▶

轉職念頭說不出怎麼辦？

152 ▶其實說實話，離職也能不尷尬！

164 ▶前一份工作也能變成你的轉職大助力

Chapter 7
轉職成功的最後一哩路

170　▶下一份工作，你該在乎什麼條件？

176　▶跨領域轉職不一定要從 0 開始！

184　▶最適合你的轉職策略可以這樣制定

189　▶掌握履歷面試攻略，增加勝率！

Chapter 1

獻給職涯倦怠期的你：
在職涯路上越走越順的祕密心法

獻給職涯倦怠期的你： 在職涯路上越走 越順的祕密心法

▶ 完美工作可能並不存在

　　雖然比起在校園讀書的日子，我認為自己非常熱愛工作，也更喜歡從工作中學習，但是曾經有一段時間，我真的覺得很煩躁，怎麼工作總是有讓人不順眼的地方：辦公室很遠、同事心機重還很雷、主管尸位素餐、工作任務繁瑣無聊、客戶很白目，要我說不喜歡工作的地方，大概可以說個三天三夜還沒完沒了，這時候就會打開求職APP不停地儲存看起來不錯的工作，午夜時分幻想著換一份工作不就沒事了嗎？我怎麼可能找不到工作？我一定可以找到更好的工作，到時候我就不用在這裡受這些窩囊氣！再滑個Instagram，看到同學、朋友分享自己升遷、受到老闆誇獎、享受公司福利，怎麼大家的工作都這麼完美？越想越覺得我的工作真的是樣樣都讓人越看越不順眼。

剛畢業的時候，多數的我們都幻想過，有一天可以做一個樣樣都無敵滿意的完美工作，但是進入職場之後，和我過去一樣，工作發現總是有值得挑剔之處，覺得自己很衰，或是總認為是自己不夠優秀，所以才找不到完美的工作，然後不停地在漫長的職涯中，因為不滿意前一份工作，轉換不同的軌道，同時滋生憤世嫉俗的厭世情緒。

但是，經過不停地嘗試、沉澱思考和請教職場前輩之後，我才逐漸發現到自己其實下意識一直認為世界上有「完美的工作」存在在遠方，等著我去追尋，如果我還沒到達，就表示我不夠好，如果我永遠都沒找到，那可能是我不夠努力或是天賦不足，但是如果你問我「怎樣算是完美的工作？」我可能會支支吾吾地說：「就是薪水條件不錯、工作有趣又能成長、同事聰明又善良等」自己越講越心虛，想也知道不可能，而且如「薪水條件不錯」多少薪水才叫不錯？每個人的定義不同，隨著資歷和程度的變化，對於不錯的條件也會隨之變化，所以完美工作的定義也會不停變化，這樣豈不是有可能永遠都追不到？

我不敢說世界上絕對沒有完美的工作，但是它可能並不存在於你的職涯中，基本上可以說是與「運氣」一樣，可遇不可求，我認為找尋「適合自己」的工作，才有機會在過程中逐漸獲得滿足與成就感。

而符合能幫助自己往未來想去的方向成長，是「適合自己」最基本且不可或缺的要素，具體如何尋找適合自己的工作，會在Chapter 7〈轉職成功的最後一哩路〉與大家細細分享。

除了不該假設完美工作一定存在之外，我覺得還有一點是希望自己早點知道的 mindset：工作通常不是拿來追尋的，他更多時候是一個過程與方法，來讓你達到人生目標或是過上理想生活。舉個十分實際又常見的例子：如果我人生目標之一是 35 歲左右成為財富上有餘裕的人，不用家財萬貫登上台灣富人榜，但是可以讓我不需要每個月為了車貸、房貸、水電費而感到生活有壓力，也不用為了省電費而不開燈、不開冷氣（為了北極熊 ok！），那適合我的工作，至少不能讓我捉襟見肘，但工作只是我為了讓自己可以達到想要的目標，當然如果能更快抵達更好，所以薪資福利若是優渥，對我來說適合度當然加分，只是通常我們想追求的人生目標不會只有一項，所以適合的工作還是需要以綜合條件來看，選擇最能幫助你效率達到目標的選項。

> 「追尋完美工作不該是努力的方向，以終為始釐清生涯目標，追尋適合自己的職涯，才是正解！」

下一份工作不一定樣樣都比上一份好

延續第一小節〈完美工作可能並不存在〉中所提及的概念,下一份工作真的不一定所有條件都比上一份好,也不必追求這樣的轉職,畢竟既然沒有一份工作是完美的,轉職選擇上本來就應該會有所取捨。我理解身邊總是會有許多聲音告訴我們:你怎麼工作越換越差?越來越低就?或是哪有人跳槽,薪水還比前一份更低,是不是你能力不足?但是即便是家人、朋友也不一定理解你所追求或是嚮往的目標,旁人的不明究理與評論當然難以避免。

我的第一份工作是在知名外商金融業,負責營運相關的事務,雖然是約聘職位,但是除了沒有外商本來就不多的年終獎金之外,其他

福利皆可以享有，不僅薪水對新鮮人來說不錯，我個人而言，也覺得頗為滿意，福利更是沒話說，三節、生日獎金十分豐厚，特休也是第一年就接近20天，而且也有機會於一兩年後轉正，再加上其他零零總總的小福利，以薪資福利、公司名氣這幾項硬條件來說，我個人在當時覺得十分滿意。但是，工作一陣子之後，開始發現這份工作，現在與未來都沒有我發揮長處的空間，成長幅度也不夠大等等諸多不適合我的原因，所以我決定轉換職涯跑道，細節後面有機會再和大家分享。

總之，接下來我換到新創電商這個新興產業中，擔任行銷職務之後，薪水福利與前一份工作相差將近一半，但是仍然覺得這是一個對的選擇，這份薪資福利普通，甚至常被我仍在金融業的同學直呼有點淒慘，而且辛苦程度加倍的工作，卻讓我從0累積了無數的嘗試與作品，最重要的是我透過它成功轉行且轉換職務，澈底開拓了另一條職涯道路，而且是適合我、我也想追求的職涯路徑，但在這條路上除了承受工作硬條件的犧牲之外，也多次被家人、朋友質疑選擇是否正確，或是聽到不少過分的風涼話如：「她好好的財金系不去做金融業，自己要去做這種不賺錢的工作，職涯沒救了啦！」聽到的當下雖然難免會有些負面情緒，但是只要很清楚自己的目標，也了解這就是個必經的取捨過程，自己也更容易快速調適回勇往直前的狀態！

通常多數人還會有個糾結的點，大家會不會覺得我現在的工作硬條件不好（包括公司名氣、薪資福利等），就等於我的能力不夠好？很想告訴焦慮的夥伴很重要的一點：「你的公司名氣、薪水，這些都不等於你的能力和價值！」如上一小節所説，工作是個過程與達到目標的方法，我們很難短時間改變別人的想法或是別人的嘴巴，但是至少自己要明白，這些外在條件，不能直接定義你是否有價值、是否是個人才！最後，也希望我們都能了解到，只要下一份工作能帶我們更加接近最終的理想目標，即便它可能有些小瑕疵，那整體而言，這次的轉職就算是圓滿成功的，值得為自己的努力與選擇喝采。

> 「如果新工作讓你更接近最終的生涯目標，那請放心：這次的轉職是在對的軌道上！」

▶ 只因為很夯，就轉行或轉職，可能會後悔

在選擇要做什麼工作或是轉換職涯跑道時，大家通常都怎麼評估呢？選擇當紅的產業或職業就一定沒問題嗎？如果你正好對當紅產業非常有興趣，這個產業或是職業所需具備的技能，剛好又是你擅長的，那當然恭喜你！不過你若既沒有興趣，這產業的核心職務或是這個職業所需的技能，也沒有特別擅長，我倒覺得不見得要盲目跟從，畢竟風水都會輪流轉了，現今科技變化速度這麼快，誰能保證多年以後這個產業還能長青呢？在入職場初期，通常也只能看出當紅趨勢，要預估出十年、二十年、甚至三十年後的產業趨勢，實在太困難，風險也很大。此外，很夯的工作，通常也會有一窩蜂人搶著做，裡面總有許多人有興趣又有天份，我們若沒有其他壓倒性資源，不僅很難贏過具有先天優勢的人才，要闖出自己的一片天更是困難。而且產業夯不夯，與你能不能在職場上發光發熱，其實是兩件事，即便選了偏冷門的產業，也不見得就前景黯淡。

近幾年來有許多熱門產業、熱門職務和新興趨勢，數位行銷、自媒體、資料科學等職務和人才如雨後春筍般冒出，而這些熱門職務的核心能力，也成為大學生爭相學習的目標。剛轉換職務成為行銷人

時，聽到行銷新鮮人、行銷實習生同事個個都在談學習Python，還沒學過的我，頓時萬分焦慮，覺得人人都是程式語言和數據分析高手，雖然我沒有因此想要換工作成為數據分析師，但是由於我從過去的學習和工作經驗中，十分了解程式語言或數據分析再夯，我都沒有辦法為之著迷或是非常擅長，所以也十分擔心自己選了行銷職務，在未來是不是沒有優勢，後來觀察一陣子之後，發現雖然大家都學，但是也不可能每個人都直接一躍成為數據分析專家，細細想過後我也認為沒有必要，本來就是資料科學背景出身的人才大有人在，我只需要了解概念，不至於一竅不通即可。面對熱門趨勢，如果沒有興趣也不擅

長，雖然不能閉門造車完全不知、不懂，可是也沒必要截長補短，不如把有限的時間和精力，拿來增強自己擅長的部分！在職涯上，我認為最大化自己的長處，遠比補足短處還要值得，只要讓短處不會成為自己的致命傷就行！

最後小提醒一下，如果我們剛出社會的時候，這產業現在看起來已經是夕陽產業，目前看起來也沒有死灰復燃的趨勢，職涯這麼長，現在就沒有希望和生機，看起來風險無限大的情況，當然還是不要踏入為妙，熱門的不一定得選，夕陽的也建議不要！

> **轉職必考慮的產業選擇 memo：**
> 產業熱門與你的職涯大紅大紫，其實是兩回事。
> 產業冷門不一定是扣分點，但是已經在夕陽下坡路上的，不選才是上策。

請盡量避開二選一的限制型思考方式

自從創立了斜槓IC的職涯探索自媒體之後，有不少夥伴會透過Instagram和我討論他們近期職涯選擇上的煩惱，我才想起在學生時期和剛出社會時，也時常有類似的狀況，陷入二選一的職涯僵局中。例如總是在糾結：到底該選大公司還是小公司呢？到底該不該讀研究所？該不該離職？越想越混亂與焦慮。

離開前一份在新創的工作之後，我給了自己一段時間休息、沉澱和深入思考，我發現這些問題不但該問，也確實重要且需要釐清。我後來只要察覺自己陷入二選一的僵局，就會先思考以下兩點：

❶ 問題應該定義得更清楚，甚至重新定義

原本煩惱的問題是到底該選大公司還是小公司呢？

→這樣思考問題會更清楚：到底第一份工作，選大公司還是小公司，比較能幫助到我未來的職涯發展？

原本煩惱的問題是到底該不該讀研究所？

→可以這樣思考問題：我在什麼時候適合讀研究所呢？研究所能
提供什麼幫助，讓我更接近未來的職涯目標？研究所能提供
的，其他方式也能提供嗎？哪個方式最適合我？

這兩個問題綜合第二點，一起在下方和大家討論我的思考方式。

❷ **沒有可以接受的選項時，妥協選擇之前，請先不要設限，
嘗試看看有無新選項可創造**

我們很容易在做選擇時，覺得只能兩權相害取其輕，沒有別的選
擇了，可是面對職涯情況，多半都還有一些新路可以走，例如，大公
司與小公司的問題，難道這世界上只有大公司與小公司可以選？舉例
來說，你希望享有大公司的明確制度與職涯路徑，但是又希望能獲得
在小公司常常可以有的不只一個部門的工作經驗，難道真的每件事情
都是魚與熊掌不可兼得嗎？這倒不一定，也許你可以試試大型新創或
是已成立一定時間的新興產業企業，甚至是大集團中的內部新創，只
要選項具備符合你想要的「元素」，都是可以考慮的，不是嗎？這樣
一想，能走的路是不是突然多了好幾條呢？

而到底要不要讀研究所？在什麼時間點讀好？也是許多學生、新鮮人大為煩惱的問題！很多人知道我沒有讀研究所，都以為我是不讀研究所派的，其實不太能這樣斷定，因為我並不排斥讀研究所，也肯定研究所可以帶來的幫助。只是讀研究所也需要不少成本，包括時間、精力，還有最現實的金錢問題，如果是工作到一個階段去讀，更是要考慮職涯中斷的問題，所以「是否要讀研究所」真的要審慎考慮，免得花錢耗費心力付出一堆卻沒得到想要的東西，豈不是賠了夫人又折兵？

從剛剛的第一點清楚定義問題推導出，我們要來就是否要讀研究所，一起把問題問得更精準，並一一拆解：

- **時間點**：**現在適合讀研究所嗎？不適合的話，什麼時候適合呢？**

拿我自己當例子，剛開始轉職做行銷的時候，我直覺認為自己完全沒學過行銷，可能要讀個研究所，然後行銷的話，還是國外的學校比較出名，那就去補個 GMAT 考試吧，於是糊里糊塗的去補了幾堂課。當時邊補習邊在兩間公司做實習生，實際做行銷工作一個月之後，我發覺行銷這職務在業界裡，比起輝煌的學歷還是更看重實戰經驗，既然我現在都已經在累積實戰經驗了，也

不一定要繞遠路去上行銷課，再回來累積實戰經驗，所以判斷當時並不適合進修讀研究所，因為我覺得在那個時機點，快速累積實戰經驗對我來說更重要。

　　現在不適合讀研究所，不代表這輩子都不適合讀研究所。後來在工作上不停學習與歷練之後，我認為如果自己需要再更上一層樓，還得想辦法統整實戰經驗所累積的，雖然這也可以透過經年累月的沉澱獲得，但是透過學校系統化的課程和學習，可以更有效率地打造好學問的架構，同時把過去累積的零散經驗拼回骨架中，而我也清楚自己蠻適合這種學習方式。加上另外擁有學生身份也能有許多試錯機會，不錯的學校中也有不少珍貴人脈、產學合作資源，所以我其實一直以來，也都有一邊關注國內外的研究所等學習機會，這樣等到工作上告一個段落，就可以有效率地抉擇正式進修的場域。

- **目的和期待的收穫**：**我想從研究所獲得什麼？讀什麼研究所，能讓我更接近未來的職涯目標？**

　　讀研究所總要有個明確目的，不然讀書、寫論文也不是玩遊戲，如果漫無目的肯定加倍辛苦。很多人都會說目的是想「提升專業」，那非常建議依照目前你現在與未來所待的領域判斷，是不是具有高度知識或技術門檻的？如果你想待的領域是非常市場導向如商管領域多數的工作，只要市場認可你的能力、經驗，學歷和證照等，那表示讀研究所多半是個不錯的選擇，可以錦上添花，但絕對不是必要選項！因為在多數商管領域的職務中，所謂「專業」通常是用實戰能力與經驗所累積出來的，那當然得好好在對的戰場——市場中累積，方向才對，就像你想用點數折抵蝦皮賣場的商品，當然要在蝦皮累積，拿蝦皮的點數去兌換，總不會拿蝦皮的跑去換 MOMO 平台的折扣吧？這個舉例比較極端、浮誇，但是應該和大家生活頗為息息相關，易於理解。

適合讀研究所的常見情況：

★身處很看重學歷的產業環境或是職業。

★你想要的工作就是非研究所學歷不可，幾乎沒有通融餘地，例如本土金控的 MA 計畫。

★工作要升遷，規定就是要有研究所學歷。

★研究所能提供你現在需要，且非它不可的資源，或是其他能提供同樣資源的選項成本相對高，例如想打造好特定知識系統的架構骨幹，累積職場經驗也行，但可能需要遠高於兩年的時長，且容易出現難以預測的情況。

• 方式：**研究所能提供的，其他方式也能提供嗎？哪個方式最適合我？**

想獲得系統化的學習，以及運用學生身份和資源獲得人脈和產學合作機會，這個難道只有「正統研究所」能給我嗎？有必要為了獲得這些而中斷職涯嗎？思考完前面的，記得一定要跳脫非得要這個解方的思考方式，記得想想看有無更適合現狀的方式，來審視目前的選擇是否是最適解？

延續剛剛的舉例，我們來一一看看我想獲得的部分，是不是最適合從研究所收穫呢？

一、系統化的學習：

　　現在市面上琳瑯滿目的自我進修課程，還有企業導師指導，難道回學校聽教授上課，有比企業導師指導更接近職場？企業導師、講師的指導絕對更接近真實市場情況，也更能落地應用。但是大幅度的成長提升，是需要長期的 mindset 和架構學習，不只是吸收表面的技能，而多數外頭銷售的商業課程，為了迎合使用者想立竿見影的偏好，通常流於傳授技巧。雖然這的確是個點，但是思考到這裡，我還是認為若是單純為了獲得系統化的學習，讀一般研究所成本還是太高，想到要經歷過漫長的考試準備過程、不貲的申請費用到實際上開始研讀的種種辛苦與挑戰，這點說服力對我而言還不足夠。

二、運用學生身份獲得人脈：

　　學生身份這點確實是只能從正統學校獲得，不過我是想獲得什麼樣的人脈和產學機會呢？為什麼非得要以學生身份才有辦法獲得？這又是一個說來話長的故事。由於過去跌跌撞撞的職涯經歷，有許多迷惘和曲折辛酸，但很幸運地遇到許多機緣和貴人指點，所以除了在網路上分享許多文章把這些摸索、經驗分享給大家之外，也打算透過「生涯諮詢」的方式，實際陪煩惱中的

夥伴釐清目標，找出職涯出路，成為大家職涯苦海中的小貴人，也預期透過客製化1對1諮詢的服務，在3年內成立自己的事業，這是我的中期的目標。

　　為了能讓這個目標達成率更高，我希望能更了解自己的關鍵客群，也就是正職經驗0至3年左右的新鮮人，包括大四和研究所學生，而我距離台灣的大學生其實已經非常遠了，畢業四年多，最後一年都在日本生活，目前工作上很難大量接觸到學生或是應屆畢業生，雖然有參加如XChange等人脈連結組織，但裡面的學生大多都對自己的未來目標相對清晰，也有一定的資源輔助他們更接近目標，但倘若我自己也是學生時，不僅我更能設身處地的理解每位學生的掙扎點，也更容易接觸到目標客群——大量的學生族群以及與目標合作對象——大學的職涯中心、系學會等，更容易與合作對象搭建合作的橋樑。雖然說持續經營自媒體，有名到一個程度，要與之合作也不難，不過剛好我自己也希望能回到校園中學習，所以對我來說回到校園就讀研究所這條路能一舉兩得，當然更合適！

三、社會對於學生容忍度更大，更願意給予試錯機會：

由於已經出社會一陣子，我所期待的進修也會是更落地、接近市場實戰經驗的，但是以正職工作的身份時，企業期待的是你的產值、結果，有的時候不見得能完整學習到，也沒有什麼試錯機會。所以我想從研究所獲得產學合作的資源，也想以學生身份更大膽地去放手試試，從不同的環境激發自己的潛能。

最後，由於我並不打算因為進修學習而暫停工作或是創業，所以不考慮一般的研究所，首先考慮線上研究所和Part-time研究所，由於希望能盡可能拓展實質的人脈，線上類型的效果會打折，所以優先考慮 Part-time 研究所，Part-time研究所最知名的就是EMBA，但是個人認為要讀EMBA，工作資歷不夠也尚無足夠的管理經驗，而且就算讀EMBA，業界也不會把 EMBA 的學生當成「學生」，不太符合我的需求，後來我發覺現在有很多新型研究所，例如 GMBA（國際管理碩士學位學程）、EiMBA（創新創業MBA）等等，正適合像我一樣，處在畢業5年左右，有一些工作經驗，但希望能邊工作邊進修，取得完整碩士學位，並依此於職涯上更上一層樓的人，所以釐清各校的GMBA（國際管理碩士學位學程）、EiMBA（創新創業 MBA）特點、優缺點，就成為我近期的重點項目。

就是否要讀研究所這件事而言，建議從釐清目的、期待的收穫，到一一檢視「讀研究所」是否為最適合自身狀況的最佳「方法」，來確保這個選擇是理性且符合現在的需求，剛好從釐清或檢視的過程，找到更適合自己的方式，也是很不錯的收穫！

> **"碰到抉擇難題時，先釐清真正的問題點，再盡可能的發想不同的解方，而不要限縮在已知的選項中，也許能更快走出當前泥沼！"**

選工作最不該妥協的條件：是否適合你！

　　職場菜鳥在選擇工作時，建議選擇什麼樣的條件比較好？這個問題我聽過非常多的答案，有的我很贊同，有的不太贊同，有些人說起薪很重要，所以薪資福利不能太差！也有人說公司該有名氣，才能為自己的履歷大加分，更多人說肯定是要找讓你成長最多的，沒什麼成長的建議不要選。

　　以前我總是很贊成選擇能讓自己成長的工作這個建議，雖然這個確實符合大部分人的規劃，但是後來跟許多滿腹疑惑的夥伴、朋友聊過之後，我發覺我更傾向建議當年的自己和夥伴們，選擇「適合自己」

的，這建議聽起來很空虛，但是其實由於每個人的目標、需求都不同，我也不希望強加自己的喜好和價值觀在已經很迷惑的夥伴身上，所以在不夠了解對方當下的狀況下，明確規定什麼該在乎、什麼重要，也許還會幫了倒忙！

以前我以為這世界上，大多數人都希望自己以後飛黃騰達，或是在充滿挑戰的環境下，不停地進步！但是印象很深刻，大學快畢業的時候，有幾位好朋友告訴我，他不追求工作有多光鮮亮麗，也沒有特別想追求成長，只希望工作本身是穩定的，年輕的時候有工作做就好，如果年紀大了，沒有適合的工作那也沒關係，好好生活對於他來

說更重要，如果未來有小孩，他更有熱忱教育小孩，跟著小孩一同成長，所以如果要他在家庭教育上進步，他更願意！當時覺得好震撼，但現在想想覺得，確實人生並不是只有工作，也如同前面所提，工作是一種達到理想生活或是人生目標的過程和方式，但是我們都忘了工作不是「唯一的方式」。

後來，看到Emily in Paris裡法國同事對Emily說：「妳是為工作而活，我們是為生活工作。賺錢是好，但妳口中的成功，對我來說是懲罰。」雖然我不清楚法國人的工作文化是否確實如電影所述，但是我想這其實也是同個體悟，而只有我們自己最清楚自身想要什麼，所以面對職涯難題，不要一味地向外探尋建議、趨勢等等，更重要的是，要花時間向內了解自己的好惡、長短，外邊的建議，作為客觀參考和審視的要點，這樣會更穩妥！

在抉擇工作時，如何快速判斷此份職缺是否「適合自己」也曾經非常困擾我，尤其在尚未釐清未來方向時，通常不是特別三心二意，什麼都想要，不然就是對什麼都平平淡淡無所求，所以要判斷適不適合簡直困難。這裡先提供大家我多次轉職常用的簡單判斷機制，Chapter 7〈轉職成功的最後一哩路〉會詳細地舉例說明。

01 釐清本次轉職的目的和目標

接著，盡可能地拆解理想職缺組成的元素 **02**

03 依照此份轉職目標排列出元素的重要度以及必要性

刪去不具備「必要元素」的職缺 **04**

05 依照最重要的元素符合程度，去排列職缺的適合程度

　　假設我是一個行銷企劃，這次的主要轉職目標是擺脫很官僚的職場環境，去更加彈性、可以發展手腳的舞台，依照這個主要目標，推導出這次轉職一定要選擇新創類型的公司、大公司裡的新創事業、企業風格很自由開放的企業或是符合能給你舞台這選項的需求，如果不符合這選項的職缺基本上可以先排除，剩下的職缺再根據有多符合你這個主要目標去排前後順序，例如A職缺是新創公司，B職缺是風格相對自由的大企業，那 A 可能更可以給你彈性、適合大展身手的舞台，所以更適合擺在第一順位，後面B、C、D職缺也是依此類推去判斷。釐清目標之後依序推導，就不容易受到非本次轉職重點的其他元素影

響，例如薪水等誘人條件，只要不是「本次轉職重點項目」的條件、元素就都是「bonus」，僅有錦上添花的功能。

面臨職涯的分岔路口時，難免會有動搖、躊躇，所以我也時常提醒自己，所有的一切都比不過「適合最重要」，而且這點也不該妥協，也希望正在看這本書的你，至少帶著這份最重要的 mindset，勇敢地探索專屬自己的職涯！

Chapter 2

轉職第一個難題：
究竟該留下來，
還是轉職去？

轉職第一個難題：
究竟該留下來，
還是轉職去？

　　不管當初求職時，是否如願以償進到了自己夢寐以求的公司，拿到最理想的工作，工作一陣子之後，我們多少還是容易厭倦或是迷惘：不確定自己要在同間公司、同個崗位待多久？在看到同事、同學和朋友轉換職場、升遷或是再度求學深造，更是容易焦慮不安，開始猶豫離職會不會是更好的選擇？

　　如果你也正在煩惱「到底該不該離職？」暫時也找不出一個能說服自己的答案，那就趕快跟我一起從頭釐清這個魔王難題吧！每個人遇到的職場、職涯困擾不同，相對應的解決方法也會有所差異，但是還是有幾個常見情況可以與大家分享，我通常如何拆解問題和應對。

常見**情況一**：
目前工作沒有特別不好，不過有點倦怠了

　　目前的工作對你來說馬馬虎虎，說不上厭煩，就是上手熟練了，沒什麼挑戰性和刺激，也沒有太多的熱忱，看到身邊的朋友、同學充滿熱情與挑戰的職涯，忍不住會思考是否要「嘗試改變」一下？這樣的狀況通常最難做抉擇，若是詢問身邊前輩、學長姐的建議，通常也會收到許多大相逕庭的建議，讓人更加煩惱。

　　畢業後，我的第一份工作是外商金融業的約聘職缺，這份工作是為了解決過去客戶在開戶時，沒有繳齊新法規所要求的文件和資訊而生，所以我日常的工作主要負責確認有缺件的客戶到底缺了什麼，運用紙本信件和電話聯繫客戶（金融業一般職員不可以用Email對外溝通），向對方說明因應新法規的關係，需請客戶補齊文件和資訊，收到資訊之後，再初步檢查文件，若有缺漏還得反覆與客戶溝通，直到收到符合規定的文件。

　　這份工作其實很不討喜，因為現今詐騙盛行，久未聯繫的公司老客戶都會很有防衛心，一接到電話第一反應就懷疑我們是詐騙集團，甚至也有客戶一聽到「您好！」就破口大罵。一起上班的同事多半也

都對打電話十分感冒，抱怨連連。不過當時的我，因為媽媽生重病，比起下班後得面對悲傷、無助的沉重情況，我反而覺得上班是一件很開心的事，直到三個月後媽媽過世，對於工作有逐漸感受到一點點不滿意，除了不太有趣之外，更多的是沒有累積性，也沒有太多成長的空間，但是也不至於到無法忍受，剛好沒多久也遇到六個月的約聘期期滿，這時候擺在眼前有幾個選擇：

01 剛好期滿離職，不過當時也沒有明確的方向。

申請公司其他部門的職缺，繼續試試看能否找到適合自己的崗位。 **02**

03 續約原公司原職缺的工作，先繼續累積工作經驗。

如果你們是我，會怎麼選擇？其實這三個選擇中，至今我仍然覺得三條都是活路，當時我並沒有特別想達到的目的或是想達成的目標，如同部落格「糖霜與西裝」的作者Fiona Lin曾寫過：「人生沒有目標路更廣，不論你往哪走，都是向前走！」

　　其實當下身邊有非常多不同的聲音，雖然很感謝大家的好意和建議，但是確實也讓本來就有點迷惘的我，陷入加倍焦慮的泥沼中。有不少長輩、前輩建議：「在同間公司，工作沒有超過三年都不ok！」也有同在金融業產業的同學苦口婆心的建議：「最好還是先待在同部門歷練，如果不想的話，也盡量待在同公司，不然以後很難找工作。」也有一些朋友 ：「去試試看別的環境也很好啊，看起來選項都沒有非常吸引你。」

　　由於當時的公司名氣大、制度明確、薪資福利不錯，也沒有特別想去的地方，所以我優先考慮爭取留在原企業工作，不過由於原部門

沒有太多成長空間，加上我很好奇常常與原部門對接的洗錢防制部門（又稱AML/KYC Team）在做什麼，想搞清楚自己處理了半年的文件，接續還有什麼步驟。而洗錢防制部門常常需產出英文報告以及與其他國家的團隊溝通，這點也讓我覺得比較有發揮空間，所以當時努力爭取這個機會，最後幸運地透過第二個選項（申請公司其他部門的職缺，繼續試試看能否找到適合自己的崗位。）繼續留在原公司。

回過頭來聊聊，如果對於目前的工作感到倦怠或是厭惡，我們可以先釐清感到這種負面情緒的可能因素，是工作上沒挑戰性了？還是辦公室政治？或是沒什麼發揮空間？先弄清楚讓我們感到興致缺缺的原因是出在哪個層面？產業、公司還是工作？工作上遇到倦怠期，很大機率其實是撞上產業問題，例如B在偏傳統的產業中擔任業務，常常下班還是要頻繁地應酬，雖然還算喜歡這份工作，但對應酬感到很疲乏、厭倦，也覺得沒什麼意義，但是跟主管和前輩聊過之後，大家都表示這個產業就是這樣談生意的，因為每家公司提供的服務差別不大，加上長期都有這樣的風氣，所以就算換去這個產業別間公司，還是很高機率需要時常應酬。

如果困擾你的剛好是產業的問題，那如果一直在同個產業中跳槽，不管換幾個工作，同樣的問題只會反覆出現，所以就算最後的選擇就是離職，還是要想清楚「為了什麼離職」，才知道自己下一份工作該選什麼或是避開什麼。

所以如果你符合情況一，可以直接翻到本章節的最後一部分〈馬上來釐清真正的問題點吧！〉做最後的Final Check，清醒地做職涯中每個環節的選擇！

▶ 常見**情況二**： 我不喜歡目前工作的一切

目前的工作整體而言真的很不喜歡，雖然通通都很討厭是比較浮誇的說法，但是會有強烈的不喜歡情緒，通常是自己所在乎的幾個點上，都很令人不滿意！例如：A最在乎的就是公司的薪水成長性和升遷機會，結果公司沒有明確的升遷機制和加薪制度，管理階層也表示升遷和加薪制度需長時間規劃，暫時不會有，自己最在乎的需求現在沒有被滿足，未來也可以預期短期內無法被滿足，長期更是沒有明確保證，當然會越工作越不滿意，覺得努力與期待的回報對不起來。

　　不過很多時候，我們困擾的點是，不太確定自己不喜歡哪些部分。我在其中一份工作中，八成的時間都在學習或使用公司獨有的系統操作，任務上重複性質也很高，所以一開始我以為只是自己不喜歡無聊的工作而已。後來我又意識到自己非常喜歡講話，無論是發表還是溝通，我都蠻喜歡的，但是工作場合安靜得掉根針都會聽見，而且因為任務不多也不困難，氛圍又寧靜到極致，下午常常睡意連連，都要靠著綠油精和喝好喝滿的咖啡，撐過漫長的一週，越做越感覺自己靈魂都沒了。

　　曾經我有試著了解同事為什麼喜歡這份工作，希望能改善自己毫無幹勁的狀況，越聊越發現，雖然我也很贊成同事說的這份工作的好處，例如準時下班、work-life balance、制度明確又對員工慷慨等等，但是聊完完全沒有被說服，因為我不喜歡的點依然存在。不過從中卻

意外幫助我更釐清「為什麼自己不喜歡這份工作？」，由於當時對於職涯上並不是百分之百了解自己的目標，所以我希望學習的東西是「可轉移的」，不容易因為我換產業或是換公司就通通失去效用，等自己更釐清目標的時候，就不用從零開始累積，但是這份工作卻恰恰相反，上面提到的工作好處和優點雖然能讓我上班心情好一點，但理性上就是明白自己正在不對的地方，熟悉公司獨有系統這樣的技能，就算練得爐火純青，只要公司換系統或是換工作就立即失效，完全不符合「想學習可轉移技能」這個主要目標，而公司提供的好處剛好和我需要的對不起來，就好比我現在需要type C的充電線，結果對方給我圓孔的，實在是沒有太大的意義。

當對工作感到滿滿的負面情緒時，一定要挖掘出明確不喜歡的部分以及可能的原因，在尋找解決方案的時候，才有辦法更精準地對症下藥！如果你符合情況二，可以直接翻到本章節的最後一部分〈馬上來釐清真正的問題點吧！〉

▶️ 常見**情況三**：
我滿喜歡目前的工作，但還是有些不滿意的小地方

　　如同第一章所説世界上可能沒有完美的工作，工作總是有令我們不那麼滿意的地方，像惱人的小蚊子偶爾有點痛癢，但是大多時候都不至於造成太大的影響，通常這種狀態容易發生在第二、第三份工作，我們少了剛出社會時對工作抱有的夢幻泡泡，但是對自己的職涯仍舊有滿心期待。有可能這些不滿意的小地方真的無關緊要，但是為了避免我們錯過有跡可循的徵兆，還是要定期花時間把自己不滿意的地方一一列出來，然後仔細檢核是否真的只是無關緊要的小痛點，還是其實已經處在溫水煮青蛙的環境中，雖然目前感受輕微，但是久了要脫身，難度就會大幅提高，應該要及早做出改變！

　　其實我現在的工作，正是處在這個狀態中，之前在「25得10」的Podcast節目中有提到，我非常喜歡我現在的工作，我現在依然覺得對這份工作充滿熱忱與喜歡，但是老實説我自然不可能喜歡這份工作中的每一個細節，也有不少小地方是我沒那麼喜歡的。

　　例如，我最不喜歡的地方就是目前的工作地點和公司的出缺勤制度，公司是在內湖科學園區深處，不管是從港墘捷運站還是西湖捷運

站走，靠我的小短腿都要走12至15分鐘左右，如果遇到下雨天，天雨路滑沒辦法狂奔，有時候要走上20分鐘，加上內科向來有尖峰時間交通阻塞的嚴重問題，本來通勤時間就難以掌控，而我家又是住在山裡的社區，社區巴士更是容易受到天候和路況影響而有延誤，所以遇到星期一下雨天時，常常比平常提早一小時出門都還是難逃遲到。這時候如果公司對於出缺勤的掌控蠻彈性的，可能我早到就早走，晚到就晚走，自己抓八小時之類的避開尖峰時間，那問題倒也好解決，不過公司對於出缺勤等時間掌控嚴格，希望全體員工能在同樣的時間上下班，遲到就是會扣一定比例的薪水。

雖然理解公司的想法，但我也的確蠻困擾的。即使有適時讓公司知道我的狀況，不過當然也不可能頻繁享有特例，常常掐指一算搭大眾運輸工具八成會遲到，還是會硬著頭皮搭計程車衝來公司，真的是所費不貲，如果說要避免這種支出，就只能提早至少一個半小時去搭社區巴士，但是通常因為天候或路況delay，會像骨牌一樣，前面delay後面班次全部一起delay，所以巴士可能在連續兩小時的通勤尖峰時段中，都不是班表時刻到站，我必須一直站在巴士站等候，免得錯過任何一班，實在浪費時間與心力。

除此之外，即便提早到公司，如果跟表定上班時間差太多，也還是規定要在表定時間下班，這樣看起來不是要噴錢就是要多浪費點時間在通勤或是配合上下班。

　　上面落落長的分享可以看出，雖然這件事對我來說不是太重要的點，但是卻很頻繁地發生，也蠻困擾著我，由於我過去的工作經驗，走相對責任制，沒有遇過對於出缺勤這麼嚴格的狀況，所以如果我有自己的難處，也不太需要一直感到有壓力或是次次申請彈性上下班特准。目前雖然沒辦法因為一個人的特殊情況，而去影響到公司的整體制度，但是還是可以去盡力表達，並試試看折衷的辦法。

先簡單說明一下情況背景：由於我目前的直屬主管位在德州，為了時間上盡可能地配合她，我的休假沒有依照台灣的行事曆，基本上只放週休二日，其他台灣的國定年假例如春節、端午節等等，都以1：1的比例轉換為特休，想放假需另外申請。但是我的社區巴士是跟台灣的行事曆，例假日時班次更是少得可憐，本來在充滿放假氛圍下還要去空無一人的內科上班就滿殘忍的，而通勤問題不僅依然存在，還變本加厲更麻煩。

所以遇到台灣國定假期時，我與主管溝通，是否能申請在家上班，希望能稍微減緩通勤給我帶來的困擾，也能讓我的產值因免去舟車勞頓而提升，而我也很感謝主管目前也都表示理解也同意我的申請，所以上面提到的痛點，我認為日後還是可以慢慢溝通與調整，倒也不用說公司只要有不順我的意，另謀他處就一定更好。

如果看了我的分享，你也覺得跟自己的狀況滿類似的，基本上可以先快速審視一下這些小小不舒服的點，確認不會阻礙你獲得在這份工作中你想獲得的收穫。接著想辦法在既有的環境、資源中找找看解決方式，沒辦法完全解決的話，就先找「緩和方式」，例如盡可能去透過公司既有的管道如匿名信箱、勞資會議、與主管的1 on 1會議等方

式溝通，先試試看溝通一小步，並藉機了解公司決策者的想法，看是否未來有機會商討出折衷方案，減少這件事對你的影響，細節和思考步驟可以參考本章節的最後一部分〈馬上來釐清真正的問題點吧！〉。

🚩 馬上來釐清真正的問題點吧！

通常很煩惱或是思緒很混亂時，我會用一個很簡單的方式，幫自己釐清糾結的問題點，也最後審視一下自己有沒有誤判情況：

❶ 拿出一張白紙或是打開空白的iPad筆記本頁面，分左邊寫喜歡這份工作的點，右邊寫不喜歡的點

我習慣拿出一張白紙（或是打開空白的iPad GoodNotes頁面），分成左右兩半，左邊寫出所有喜歡這份工作的點，右邊再寫出所有不喜歡的點，想到什麼就寫什麼，先不要求自己特別分類，才更能毫無遺漏舒暢地寫出來！

❷ 接下來翻到背面或是滑到下一張空白的筆記頁面，寫出對這份工作的預期收穫和原因

接下來，我會先翻面（或是滑到下一張空白的GoodNotes頁面）寫出所有對這份工作的預期收穫和相應原因，假如A目前剛從設計師轉職成產品企劃，因為職涯中都幾乎沒有產品企劃作品，所以想在這份工作中從0開始觸碰到企劃一個新產品的流程，並成功做出一個有潛力的產品。

❸ 在同一面推導獲得以上收穫的1～3個必要條件

接下來，我們可以在同一個面中，往下推導「獲得以上收穫的3個必要條件」，銜接剛剛的假設，剛轉職成產品企劃的時候，也許比較難自己全權負責從0企劃一個產品，一開始可能先加入正在開發中的產品專案，或是協助優化既有產品，那必要條件之一可以訂為在初期加入的專案中，要能累積自己的正面且有亮點的評價。進而平行推導其他不同的必要條件，也可以延伸同個條件，繼續往下推導「如何累積自己的正面且有亮點的評價？」可能是成為專案中的關鍵的角色，同時也要善用自己擅長的設計背景，從設計的切入點盡可能讓產品更加分，增加以後能從0開始企劃一個新產品的可能性。

④ 然後，翻回寫滿喜歡與不喜歡的第一面，比對預期收穫、必要條件，是否會互相影響？

下一步，再翻回寫滿喜歡與不喜歡之處的第一面，比對一下自己喜歡的部分是否與獲得預期收穫的必要條件有正相關，也看看不喜歡的部分，是會讓你更難獲得預期收穫，還是其實不影響？銜接剛剛舉的例子，假如A最喜歡工作的部分是公司同事很有趣、好相處，最不喜歡的部分是雖然進公司之後，接觸到非常多專案，但是每一次都只能很零碎地碰到一小部分，而且主要還是都與平面設計相關，沒有太多成長空間。如果是這樣的情況，剛好喜歡的部分對於自己想收穫的其實沒什麼正相關，而不喜歡的部分卻大大阻礙了達成目標的必要條件，這種情況就需要認真把「轉職」納入思考選項。

⑤ 最後，別急著下決定，先思考一下還能如何改善？

最後的嘗試其實很有必要，就算嘗試過後決定離職，也不浪費，而且能走得更明白！先看看剛剛發現的問題，在現有的狀況和資源下，是否有改變空間？不確定答案的話，先好好想想有什麼改變的方法？例如與主管1：1提出可能的解決方案？或是嘗試主動爭取機會？有的時候事情沒有你想像中的難解決，我有個朋友在公關公司工作，

假日常常需要支援活動，每天加班到十點是常態，但是他本來身體就
不太好，上班之後身體更是越來越虛弱，原本他想直接與主管提離
職，結果和主管表達情況和離職意願的時候，主管提出讓他換到其他
部門，既能讓他繼續成長學習，又不會過於勞累，最後也成功轉換部
門，留在他其實很喜歡的公司，也解決了原本以為不會解決的問題。

不過也想提醒一下，也要記得想想這些「改變的方法」是否會花很大的成本？時間成本也是成本，還有最多能改變到什麼程度？通常很難100％解決，而這些都是需要評估看看的部分，如果有合適且成本合理的方法改善，當然要去執行看看，一來是思考得越清楚也盡力嘗試過，真的需要轉職時，也更知道自己需要避開什麼樣的工作雷點，降低重蹈覆轍的機率，而且被問及離職原因也能給出合理交代，二來這工作畢竟也是當初努力爭取機會才取得這份工作，怎麼樣都要去盡力試試看，再考慮新的選項！

　　如果你決定好要離開目前的公司，尋求更好的轉職機會，可以直接翻到Chapter 4〈決定轉職去，然後下一步在哪裡？〉；決定留下來繼續努力請看Chapter 3〈留下來，真的是個「不勇敢」的決定嗎？〉

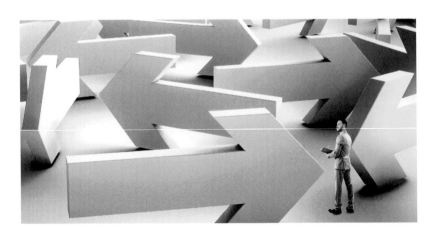

釐清問題點5步驟：

Step 1：左邊寫喜歡這份工作的點，
右邊寫不喜歡的點。

Step 2：翻到背面，寫出對這份工作的
預期收穫和原因。

Step 3：推導能夠獲得以上收穫的
1～3個必要條件。

Step 4：翻回第一面，比對預期收穫、
必要條件，是否會互相影響？

Step 5：最後，別急著下決定，
先思考一下還能如何改善？

留下來，真的是個「不勇敢」的決定嗎？

留下來，真的是個「不勇敢」的決定嗎？

⚑ 其實留下來，還有更多你沒想到的選擇！

面對是否要離職的抉擇時，世俗總以為離開才堪稱勇敢做自己，但事實真的是這樣嗎？相信聰明的你也跟我一樣心存懷疑。而經過前一章節的步步釐清問題之後，我們更了解自己的現狀，也對如何改善現有問題有些想法，如果你決定留下來，但是仍然感到有點不安，不確定自己的選擇是否正確，我們可以一起看看留下來，有什麼機會能幫助自己踏出改善現況的第一步！

不知道大家有沒有聽過「企業內部流動率」？內部流動指的是企業人才在企業內部的職務崗位調換和職責變更，其實也就是我們常說的「內部轉調」，留下來除了在原崗位繼續努力之外，還有內部轉調這個機會可以考慮，最常見的情況有：

- 留在同部門但平行轉換職務

  例如：同樣待在業務部門，從負責大中華地區業務，轉成負責歐美線。

- 轉調至其他部門

  例如：從廣告部門換去公關部門。

- 轉調去同集團的不同子公司

  例如：從OXX集團中的ABC公關公司，轉調去EEE電商公司。

- 轉調至不同國家、地區

  例如：從台灣轉調至新加坡工作（local hire）或是長期性質的海外派遣，即俗稱的外派，由母公司派遣至海外子公司或是分支機構。

- 組合選項

  例如：同時轉換工作的地點並調去不同部門負責不同職務。

了解其實留下來還有很多條路可以走之後，我們來一起拆解一下以上內轉，對自己的職涯有什麼好處與幫助？

❶ 不用再次從0累積credits

　　在同間公司內轉職勢必會帶著前部門的評價過去，如果有許多正面評價，可能轉過去新部門之前，對方就有了一些好的印象，可以站在自己累積的好名聲和成果之上，繼續累積與努力。

❷ 可以事先打聽新去處的背景資訊，提早做準備

　　於原公司轉職，很容易能找到新部門或知情同事打聽新去處的背景資訊、人際關係、管理風格等等，能更早做好準備，更快速地適應新環境。

❸ 不必花太多時間適應公司環境、制度和氣氛

　　到一間新公司的話，要花時間適應新通勤方式、新公司環境、新公司制度和新部門氣氛、合作方式，如果是內轉至少不用花時間適應公司文化，如果工作地點不變，也不用花時間熟悉公司環境、制度和氣氛，只需要專注在適應新部門和新任務，將更能快速進入狀況、創造好的工作表現。

❹ 履歷上可以呈現連貫性和持續性

對於職場新鮮人來說常常都會擔心在同一間公司待得不夠久，求職上會不會扣分？雖然每個產業對於應徵者在同一間公司的任職年限要求不同，確實有些企業蠻在意這點，尤其會擔心新鮮人沒有定性、不能久待，所以待在同一間公司的時間若不超過一年，確實可能會增加求職的困難度，這時候如果能透過內轉去解決既有的職涯問題，自然會比較加分。

內轉能給我的好處	
✔	不用再次從 0 累積 credits
✔	可以事先打聽新去處的背景資訊，提早做準備
✔	不必花太多時間適應公司環境、制度和氣氛
✔	履歷上可以呈現連貫性和持續性
✔	其他我可以拿到的內轉好處：
✔	
✔	

聚餐時聽朋友抱怨工作，每每聊到企業內部轉調，許多人都會說輪不到自己，有的企業內部流動率的確低，但是更多時候大家只是不確定可以如何踏出第一步，所以這邊想與大家分享，想要內部轉調的話，可以如何為自己爭取機會？

從Chapter 2與大家分享過第一份在外商金融業的工作中，我有內部轉職過一次，從開戶組調到洗錢防制部門，而在我的第二份工作中，於新創電商代營運公司中其實也曾經歷過內部職務轉調，從對客戶端的海外市場公關職務，換至協助公司推廣台灣市場與招商的品牌行銷職務。

第一份工作相對規模比較大，制度也更完善，對於內部輪調的風氣，以金融產業來看還算蠻自由開放的，當時由於部門的headcounts情況不明朗，所以帶我的前輩告訴我可以多多爭取其他部門的機會。

其實第一份工作時，我剛出社會半年，什麼都不懂，更別說有事先謀劃什麼策略，當時懵懂地接到了兩個部門的面試通知，也渾然不知自己談得好還是不好，然後首先接到了洗錢防制部門的offer，也更偏好營運部門，就趕快接受了，後續其他機會有沒有上我也不大清

楚。另一個部門有大學同學引薦，但是當時搞不太清楚自己為什麼會收到洗錢防制部門的邀請，後來進了新部門後才知道，由於中午吃飯時公司幾個新人都會一起在canteen（公司食堂）聚在一起邊吃邊聊天，也因為這個緣故認識了當時在洗錢防制部門負責專案的前輩和年紀相仿的同事，同事和前輩也知道我想換部門，除了平日午餐有更多的接觸之外，在原部門工作時，也有部分事務上有對接到，所以前輩向新部門老闆推薦我，才有了面試機會。

當時在工作上有個同部門的姊姊也是差不多時期加入金融業同個部門，印象特別深刻的是，無論是主管、前輩還是其他部門的同事都對她的工作表現讚不絕口，當時有個很好的轉調機會，可以直接從約聘變成正職進入A部門，而且雖然base在台灣，卻能頻繁與國際合作，舞台也不限台灣，長期下來在公司尤其是國際間的能見度更高，在外商的升遷機會更是大增，而當時連原部門的大主管、中級主管都大力向A部門的老闆推薦姊姊，大家都十分驚訝，當時十分好奇姊姊到底怎麼辦到的？

　　她的工作表現固然好，但是原部門的工作內容實在不困難，也沒有業績累計，所以一直想不明白大家如何能衡量出誰的工作表現佳與不佳，又為什麼老闆願意推薦他去別的部門？雖然現在也不敢說自己參透道理，但是在職場中努力了幾年，至少能比往日多看出一些緣由，以下就跟大家分享我的觀察總結：

❶ 盡可能找到能影響轉調決策的Keyman

　　Keyman不一定只有主管本人，就徵人這件事情，特別是新鮮人或是比較junior的職缺，不至於到弄得太複雜，而且也不像一般求職需要通過人力資源部門的層層關卡，所以如我之前的例子就是找到「想

轉去之部門」的資深同事和一般同事，就比其他部門若沒有其他認識的有用人脈，更有機會爭取到面試。

❷ 主動向上溝通內部轉調意願

像前面提及的同部門姊姊的成功轉正加轉職案例，其實很難找到Keyman，畢竟原部門和新部門幾乎毫無接觸，而且一個base在台灣，一個部門base在global，變數非常大，也很難從日常中觀察出任何蛛絲馬跡。所以利用1 on 1或是期末考查的時間，和主管聊聊職涯目標，了解看看他對你的想法，如果剛好公司有內部轉調機會，原部門狀態也還可以沒有特別忙碌或是百廢待興，也許可以試著和主管聊聊看新機會。

❸ 日常的一舉一動都在考量範圍內

其實日常在工作場域的表現都會被主管、同事看在眼裡，想要內轉的時候，通常會有人詢問前主管、同事對你的評價，如果像前面故事提及的姊姊，新部門難以找到能幫助他過去的Keyman時，除了自身的能力貼合新職缺的要求之外，原主管對她的評價就非常重要。當時原主管主動、大力的推薦讓她馬上獲得面試機會，雖然面試就得靠

自己努力，但是在工作日常中維持穩定的好表現，肯定是獲得好機會的敲門磚。

❹ 會做事也要會做人

前面的案例中提及的姊姊就是個非常會做人的正面例子，剛畢業的時候我真心困惑，部門的工作這麼簡單，除了少數上班真的很不用心的同事會出錯或是搞烏龍，大部分的同事表現都還不錯，當時特別困惑為什麼主管這麼喜歡姊姊，我們幾個新鮮人自己的事情做完，也會幫忙其他同事，可是主管卻只挑姊姊幫忙別人的部分誇獎？！

後來我才發現，姊姊確實值得誇獎，她很用心的為部門著想如何優化每個環節，這個不見得是她特別幫別人做了多少事情，而是幾乎在做每件事情或是會議上發表什麼言論，她都有用為了整個部門好或是公司好的角度出發，我覺得這是跟其他一般職員很不一樣的地方。

另外，察言觀色也是必要的，比較常見的像是姊姊不會在公司很忙的時候請假，如果事情比較多她也都會比其他人早到公司，或是自動縮短中午吃飯時間，但是如果大家的狀態還可以，她也會好好享受，出國度假，回來也不忘帶伴手禮給部門、對接部門和人資部門，

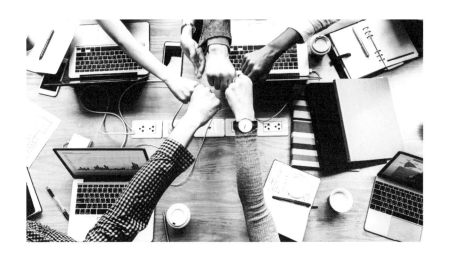

我想除了做事能力不錯之外，不錯的交際手腕和察言觀色也讓她贏得不少好感度和關注。

　　不過也想小提醒大家，有人的地方難免都會有一些辦公室政治或是人情壓力，如果你內轉成功，肯定會對原部門的人產生多多少少的影響，例如工作量增加、別人也想轉卻轉不成所以很眼紅等等，所以無論如何都要向原單位的主管、同事表達謝意，並保持正向的聯繫，既然在同一間公司，未來很有可能還是有互相合作、幫忙的機會，即便未來轉職了，還是有可能會再度相遇，適當地結善緣基本上百利而無一害！

內轉成功的加分重點	目前我可以怎麼做
盡可能找到能影響轉調決策的 Keyman	Keyman 1： Keyman 2： Keyman 3：
主動向上溝通內部轉調意願	可能的溝通時機： 說服老闆的策略點：
日常的一舉一動都在考量範圍內	日常工作表現可以做得更好的地方： 1. 例如：週會可以更積極的發言 >>> 週會事先根據 Agenda 做功課，每次週會至少發言一次 2. 3.
會做事也要會做人	曾經耍白目的時刻 & 可以怎麼改：

隨時讓自己準備好應付萬變

上面和大家聊了內部轉職的好處與方法，但是除了內轉之外，很多夥伴會選擇留在原來的部門繼續努力，那到底待在原部門原職位，對職涯會不會毫無益處呢？

我的看法是選擇留下來勢必還有想完成的事情，或是其實不喜歡的地方頂多就像小蚊子一樣，雖然惱人但不會拖垮職涯整體目標，就像此刻的我的工作狀態一樣，雖然還是有不太滿意的小地方，但是我仍希望能透過這份工作獲得實際的成果、績效，同時獲得成長和學習，有些夥伴選擇留下來是想等到被承諾的升遷、外派機會或是等等，其實這些都對職涯有一定程度的幫助。別擔心，其實只要在 Chapter 2〈馬上來釐清真正的問題點吧！〉思考清楚，了解自己為何選擇留下來，照著自己的目標制定計畫，一步一腳印地執行下去，基本上就不會讓你的職涯毫無加分。

另外，決定留下來在原公司、原部門、原崗位之後，也建議大家第一件事情可以先審視目前的工作上自己已經做到100分了嗎？包括工作任務的達成度、向上管理、平行的辦公室人際關係、溝通能力、

團隊合作狀況等等，是否有任何你也想更進步的地方？留下來不一定只能一成不變的照舊或是等待新機會到來，不停地優化自己的工作表現，讓自己把80分做到100分，也會讓自己有很大的成長和收穫！

留下來也能保持高度競爭力和成長力的法則不外乎心態調整和持續學習，分享給大家幾個關鍵概念：

❶ 心態和思維調整

不管為了什麼原因留下來，都要丟掉「再撐一下、忍耐一下，得到XX我就走了」不然八成都會越忍越痛苦，做事情也很難盡力讓自己發揮得更好，容易浪費留下來的時間。

既然選擇「留下來」就代表你認為這是目前最好的選擇，那就要在留下來的時候把這個選擇變得更好，等到下一階段的時機來臨時，你已經進化一波了！

嘗試換個角度思考熟悉或是常態的事務，找出還能變更好之處，例如嘗試用主管或是客戶的角度審視一下自己的工作態度、工作流程、工作方式，你會想給自己打幾分？會想給自己什麼評語？

很老套卻很中肯的一句話：「機會是留給準備好的人！」因為我們不太可能準確預估機會何時來臨，不如把每個月當成你要跳槽前的最後一個月吧！

想像一下你心目中最棒的公司，拋給你橄欖枝，邀請你兩個月後跳槽，但跳槽之前他們想先跟你用幾個面談聊聊，你大概只剩一個月

的時間可以臨陣磨槍，把你平常的備戰資源用僅剩的時間大展身手，你會怎麼做？或是你想申請外派到日本，不過申請機會很稀有，突然有一天機會比預期提早一點點出現，這樣夢寐以求的機會出現時，你已經會日文了嗎？懂日本市場嗎？或是具備任何日本分公司需要的能力嗎？還有內轉成功的要點如「會做事也會做人」、「日常累積正面評價」等，自己都做得如何了呢？

雖然我也贊同努力不一定百分之百有收穫，但是不努力絕對是會錯過各種幸運與機會的，記得試著抱著持續不間斷累積與前進的成長心態，然後馬上開始付諸努力行動，就不用擔心突如其來的好機會來臨時，你還沒準備好！

❷ 持續學習

嘗試釐清自己無法達到自己心目中滿分的原因是什麼，從中找到學習的動力。

對於熟悉或是常態的事務，也要試著找到優化的方法，別忘了嘗試看看「過去沒嘗試過的方法」，從中也可以藉機學習到新工具、新方法。

至於在職期間，具體有哪些資源、可以如何運用資源，可以翻到 Chapter 5〈現在時機不適合走，在職時間一樣可以很充實！〉看看我的分享和建議。

「有的時候，留下來反而是一種勇敢面對，畢竟運用下一份工作來逃避原本的不如意很容易，而決定留下來，能讓我們有機會在既有的環境和資源下做出改變和優化，是剛出社會時很珍貴的成長機會。」

決定轉職去，然後下一步在哪裡？

決定轉職去，
然後下一步在哪裡？

你只要換間公司，還是要轉換職涯賽道？

從Chapter 2〈轉職第一個難題：究竟該留下來，還是轉職去？〉透過分析目前工作現況，來初步決定要留在原公司繼續努力，還是轉換努力的戰場。首先，我們可以先來了解一下，想轉換戰場的話，具體有哪些選擇？

• 轉換東家，俗稱「跳槽」

待在同個產業，但跳槽至不同公司，這類型轉職通常比較容易，一離職也最可能收到這類型的面試邀請，不過這裡稍微要留意，如果去類似性質公司任職是否有違反當初到職原公司的競業條款，或是否會造成人情壓力等。

• 轉換產業，維持同職務

例如從軟體公司的業務，轉換成半導體產業的業務，雖然職務相同，但是俗話說隔行如隔山，還是有其道理，不管是產業內部的know-how、還是長久以來累積的人脈，肯定有需要重新累積的地方，沒辦法像跳槽那樣，帶著滿滿的資源過去。

• 轉換職務，維持同產業

在同產業中轉換職務，對於新鮮人來說較有難度，不過在同產業待的資歷五年、十年之後，許多前輩都曾經跨足不太一樣的職務，例如成長行銷，跨足轉換成商務開發，或是行銷企劃跨足轉換成產品經理等等。

• 轉換工作地點，維持同產業、同職務

許多已經找準自己要深耕的產業和專業的夥伴，會再持續精進一陣子後，不選擇在同個區域繼續累積，讓自己到不同的市場去闖蕩，目的是讓自己的眼光放更遠，或是累積不同地區的經驗值。

• 職涯大轉彎：同時轉換兩個以上要素

當然現實生活中的情況通常複雜許多，如同時轉換產業又轉換職務的也大有人在，這時就需要花更多時間去盤點現狀與考慮轉職成本、路徑以及目標。

以上分享先讓大家知道具體有哪些選擇，不至於從一片空白中想像未來。有轉職念頭的期間，也建議大家多多接觸更多機會、事先搜集資料，例如瀏覽徵才網站如104人力銀行、CakeResume、Yourator或臉書求職社團等，觀察有興趣的職缺，不一定是下一份工作，理想中的職缺也建議觀察一下，看看有沒有什麼共通點？這其實就是簡易版的市場調查，我個人很喜歡常常滑職缺，多觀察市場變化趨勢，就算沒有轉職意願，也能看看市場都缺什麼樣技能的人才，作為成長學習的方向參考。

與其道聽塗說「做行銷的新人根本不可能薪水有四萬」、「半導體業都爽賺啦，一進去就年薪百萬」這種第二手、第三手消息，不如自己觀察市場，看看行銷新人平均薪資到底有沒有四萬？真的滑到每個職缺都低於四萬嗎？薪水四萬的職缺通常都要求新人具備什麼能

力？英文能力嗎？還是學生時代就有實際操作社群的經驗？還有半導體產業工作內容和薪水的比例，真的可說是爽賺嗎？每個職缺年薪都能達百萬？什麼樣工作才能年薪百萬？我現有專業可以做哪些工作？當然每個職缺的要求不太一樣，但是類似職缺還是會有幾項共通條件要求，看久了也多少會有心得，不至於真正要轉職時，發現預期和實際狀況落差很大。

📋 小行動

小行動增加轉職動能		
Step 1	立即拿出手機，打開最常用的求職社團、App 或網站	☐
Step 2	訂閱有興趣的職缺通知	☐
Step 3	主動尋找你未來有興趣投遞的職缺（目前尚不符合資格也沒關係）	☐
Step 4	儲存至少 5 個有興趣的理想職缺	☐
Step 5	試著找出 1 ～ 3 個以上儲存職缺的共同點	☐

"

「想知道轉職有哪些選項可選，與其道聽塗說或瞎猜市場行情和需求，不如直接觀察有興趣職缺，思考跟想像中差別在哪？」

轉職思考**黃金三維度**：地區、產業、職務，缺一不可！

接下來，我們要進入非常核心的階段，雖然轉職要看外部市場環境和需求，但我認為最重要的仍是「向內了解自己的喜好、優劣」，畢竟職場是一場馬拉松，必須從長計議，而若要走穩又長久，不太可能單純因為這份工作「很有前途或錢途」就一頭栽入。如同Chapter 1中所提及「只因為很夯，就轉行或轉職，當熱潮一過便可能更後悔」，要避免這個情況發生，最好的方法就是向外了解市場的同時，向內自我探索、足夠了解自己的客觀優劣勢與主觀好惡後，再做判斷與選擇。

在Chapter 2的最後一小節〈馬上來釐清真正的問題點吧！〉中，我們已經簡單評估自己對於目前工作現況、喜好和需不需要轉職，接下來，我們要繼續盤點那未來我們到底想要什麼，以終為始的為職涯做大方向規劃吧！

❶ 生涯規劃才是職涯規劃的根本！

雖然職涯很重要，可是職場生活其實只是生活中的一部分，所以我很贊同好好生活，才有辦法好好工作這個道理，也認為工作與生活大方向一致的人，才有辦法持之以恆，朝著同方向努力，所以接下來想與大家一起先從大方向的生涯規劃，推導出職涯大方向，透過下方一系列的進階轉職評估，清楚地找到自己的下一步。

這個步驟之前，我們先運用以下【理想的我】表格，釐清自己的生涯價值觀和更認識自我，如果可以的話，就寫「人生的終點」時，自己希望的模樣，如果覺得太遙遠，可以先寫10年後理想的我。

理想的我
假設未來一切順利，我希望自己會是個什麼樣的人／希望大家如何形容我？（想到什麼形容詞或是具體事例就寫什麼）

從中挑選出 5 個最想要被形容的標籤：

#	詳細一點：
#	詳細一點：
#	詳細一點：
#	詳細一點：
#	詳細一點：

從中挑選出 5 個最不想要被形容的標籤：

#	詳細一點：
#	詳細一點：
#	詳細一點：
#	詳細一點：
#	詳細一點：

列出標籤之後例如：#非常富有，可以在右邊格字中列出更具體、詳細的想像，例如多富有？大概擁有多少資產？多少收入？過什麼樣的物質生活水準？

接著，根據我想成為的人，去想像那我理想中的一天應該長什麼樣子、都會花時間做些什麼、與誰接觸？

- **Step 1：拿出張白紙或是打開空白的iPad筆記本頁面，寫上「理想生活模樣」。**
- **Step 2：然後畫上五個超大圈圈，分別寫上「健康」、「事業」、「財富」、「家庭」、「人際」、「休閒」。**
- **Step 3：然後在每個圈圈上方寫上，對你來說此刻這些分類約略的重要度比例。**

  例如對於我來說2022的重要比例分別是：「健康」25%、「事業」25%、「財富」25%、「家庭」15%、「人際」5%、「休閒」5%

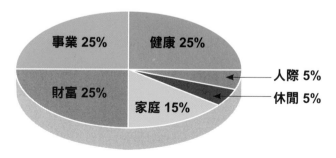

- **Step 4**：**寫下三年內你對於理想生活的想像，或是你可以根據每個分類寫下各自的理想模樣！**

　　不要寫成計畫，直接寫腦海中理想的樣子，例如之前有個諮詢者的理想生活模樣是一到五準時上下班，下班後能有快樂的休閒時光，不管是想與家人、朋友一起血拼、大啖美食，都不太需要特別省錢，一個月花兩三萬左右在飲食、休閒娛樂，生活也不會捉襟見肘。

　　也有些夥伴比較傾向於把每個分類的理想模樣想像清楚，那也可以像我一樣，寫下對各個分類的想像與期許，尤其是對我來說這三年內較重要的健康、事業與財富這三項，跟大家透露一下健康方面，我個人很簡單卻很明確的期許：希望三年內把健康檢查的的紅字清零，而且每天都睡飽，神清氣爽！

聰明的大家肯定也猜到，接下來的職涯肯定也會需要往上面構思的理想生活模樣前進，這就是你的職涯目的地，我個人不會訂得太細節，一來是因為個性比較不喜歡受條規拘束，二來是畢竟生活是動態變化的，未來還有很多想像不到的情況可能發生，所以也不見得要把每一個細節都想得太全面，可以訂下1～3個重要指標即可，留一些彈性空間。

❷ 熱忱在哪裡其實很重要

分享之前先打個預防針，我並不認同職涯規劃要完全照著興趣走，畢竟有的興趣真的就只是興趣，沒有有熱忱到變成工作依然能堅持下去，所以找出熱忱的同時，也需釐清哪些只是興趣兼消遣，哪些是有熱忱的事情。由於職涯之路非常長，我們大部分人一生通常需要工作三、四十年左右，所以沒有熱忱光靠責任其實是很痛苦的，有熱忱但是一開始賺到的麵包太少，你會有辦法撐下去，然後在撐下去的過程中找到保有熱忱又能賺到更多麵包的方式，或者是在過程中累積出能賺到更多麵包的能力，所以說如果能找到有熱忱的工作，那當然是非常不錯的事。

最後，熱忱很重要，但是光靠興趣或熱忱考慮職涯也是有一定風險的，所以我會建議新鮮人，可以把熱忱當作職涯選擇中其中一項「重要參考指標」，而非唯一參考指標。

這個項目倒沒有太多的SOP，只有一些我曾經試過的方法分享給大家。

• 先運用最簡單的刪去法，把不喜歡的事情通通列出排除掉！

不過要記得每項不喜歡的事件，都須拆解到最小元素，先不要直接下結論，例如我們一般遇到職涯困境，都會很直覺地下結論：A不喜歡做行銷，但搞不太清楚是不是真的不喜歡，跟不喜歡哪個部分，追問之下，才會進一步挖掘出，其實是覺得自己沒有美感，也不太喜歡製圖，以為行銷一定都需要不停地做圖，但是其實行銷的範疇很廣，很多職務不要求行銷有設計能力，反而因誤解而刪掉許多可能發展的機會。

這時候應該要去挖掘具體不喜歡的點出來，像以上案例，該列出來的是：不喜歡長期且頻繁地製作圖片，而不是自己下結論，直接排除不喜歡做行銷職務或設計職務。

- **寫下所有你覺得自己蠻有興趣、覺得有熱忱的事情。**

    先計時 1 分鐘想到什麼就寫什麼，不一定要是正經工作，例如：看韓劇、看劇評分析、看 NBA 球賽、辯論時事議題等等。然後再把寫完的部分描述得更詳細，例如看韓劇是看古裝韓劇嗎？懸疑類韓劇？喜歡跟誰辯論時事議題？喜歡匿名跟鄉民辯？跟朋友私下討論？還是喜歡公開發表與大眾辯論？等等。

- **剩下的部分，用最小成本直接試試到底只是不討厭、一時興起，還是真的有熱忱？**

    有些事情我們喜歡也常常做，但是不確定只喜歡當作休閒娛樂，讓我們在工作或是努力之餘，放鬆、耍廢用，還是有熱忱到做相關工作也很甘之如飴。例如對我來說，我很喜歡在放鬆之餘看劇，或是在做事情的時候播放劇當作背景音效，雖然偶爾能從看劇中獲得一些人生體悟或靈感，但是要我做相關工作例如：編劇、影劇評論、製片人等等，都不是很有興趣。

    之前有試試看在Podcast中分享一些自己愛看的劇、電影等等，雖然不排斥，但我也沒有特別有熱忱，比較不會想要很認真地分析劇情，而且比起分享看過的電影、劇，我更喜歡分享商業

時事、職涯經驗談，對於看劇我真的只是喜歡看劇時讓自己抽離現實的那種快感而已。

以上其實就是我的最小成本嘗試，對於大部分的新鮮人來說，像是錄影片或是錄製Podcast，其實用手機即可，比起金錢，通常只要願意花時間就能做出小成果，所以不妨類似的方式試試看，如果發覺自己在嘗試的過程，就算有點辛苦但還是很願意堅持下去，收到肯定的回饋也會獲得滿滿的動力，那也許這就是你的熱忱所在！

另外我覺得直接去試試看還有另一個好處，也就是下一階段我們要說的釐清你的天賦與專長，當你有熱忱，但不確定是否有天賦時，與其聽親朋好友的建議，不如直接讓市場去給你最公正的評價，當你小試身手，就有一定程度的迴響和機會時，也許這就是一個值得努力的方向。不過，其實沒有特別想追尋的夢想和滿滿熱忱也是很常見的，所以如果你沒有特別喜歡或不喜歡的事情，也不需要給自己太大的壓力或是覺得自己不正常，可以先從專長、優勢、市場等面向去釐清職涯方向。

❸ 你的專長與優勢能拼出獨特競爭力！

近期有個很夯的名詞「不平等優勢」，根據閱讀前哨站站長瓦基的分享，不平等優勢指的是我們得天獨厚的優勢，包含經驗、資產、情勢和條件，就像有個富爸爸是一種不平等優勢，高學歷也是個不平等優勢，而一出生就擁有台北市中心的店面資源，也是一種不平等優勢，不過上面都有點不親民，就算我們家境普通，也沒有特別亮眼的學歷，其實還是擁有許多不平等優勢，接下來我們就來盤點自己到底有哪些優勢？這些優勢又可以如何拼出自己的獨特競爭力。

- **Step 1：先列出自己認為的3項特質或專長**

　　例如以我自己為例子好了，我最顯著的3項個人特質有：樂觀、不怕生、對於與人有關的情緒、關係等等觀察力敏銳，而自己認為最突出的3項專長分別為：善於團隊合作、統整能力強、口條清晰。

不知道自己的專長怎麼辦？

　　曾經我也很困惑自己的專長是什麼，因為比起身邊很多優秀的同學，我的專長都不算專長，自己各方面的表現都普普通通，直到後來有一次上經濟學的時候，上到比較利益，我才突然恍然大悟，雖然我比起厲害的同儕，自己沒有「絕對優勢和專長」，但是我肯定有許多的「相對優勢和專長」。所以我覺得先釐清自己個人的能力優劣勢即可，例如相比數學科目，我的語文理解能力不管是英文還是國文都不錯、比起分析數據，我更擅長與人溝通和合作，就算我不是最厲害的也沒關係，畢竟樣樣都優秀的人才也不可能什麼工作都做。此外，我覺得優勢和專長是可以刻意練習、經營，並通過時間的累積成為所在市場內擁有「絕對優勢」的人才，所以不需要過於焦慮自己的不足。

找出個人優勢和專長時可以參考的免費人格測驗：

❶ MBTI 人格測驗

網路上有免費資源可做測驗，該測試主要分為四個維度：內向（Introversion）或外向（Extroversion）、實感（Sensing）或直覺（Intuition）、思考（Thinking）或情感（Feeling）、判斷（Judging）或感知（Perceiving），大家可以上網參考更詳細的資料，做完測驗推薦搭配 Youtube 頻道：Sherry's Notes 雪力的心理學筆記，聽 MBTI 官方授證講師／分析師理性分析測驗結果和可以如何運用。

❷ 九型人格

九型人格則是我過去某份工作上的同事與主管十分熱愛的人格測驗，測驗出來每個人會有一種主要人格與輔助人格，網路上的資訊繁多，但是其實與大多數的人格測驗都大同小異，有興趣和需求的大家可以擇一參考就好。

很多人認為這與心理測驗一樣荒謬，但其實很多規模巨大的公司，尤其是外商公司都會讓員工入職前或是在職時做類似的測驗。如果你不是很清楚自己的類型和特質，推薦你可以上網搜尋以上的兩種人格測驗或是任何類似的人格測驗，透過測驗更了解自己的盲點，並且更了解如何與不同類型的人格相處，並作為了解自己特質的參考。

不過也千萬別因為自己測出來是某些人格就一味合理化自己的壞習慣或是行為，或是隨意往他人身上貼標籤，無論測出來是否為同類型人格，每個人仍具備獨一無二之處。

- **Step 2**：**也問問身邊親朋好友、同事、合作夥伴，認為最符合你的3項特質或專長**

　　有的時候旁觀者清，所以如果許多親朋好友都表達你具備特定幾項相同的專長與特質，表示這些都很適合列入特質與選項列表中！

- **Step 3**：**根據Step 2微調3項特質或專長**

　　不過，有時候問完周遭的人反而更困惑，怎麼與自己認知的不太一樣？我們優先選出Step 1 & Step 2重複的專長與特質。例如Step 1中，我覺得自己善於團隊合作、統整能力強、口條清晰，不過Step 2中，親朋好友提及的卻是善於團隊合作、觀察力敏銳、口條清晰與善於創新創意思考，我會保留善於團隊合作與口條清晰這兩項，但是篩選不出來剩下的幾項，那我就會把統整能力強、觀察力敏銳、善於創新創意思考都列為備選！所以其實在分析的過程中，也不用死死的抓緊只能3項，不要列出過多、過於發散的選項即可。

- Step 4：**歸納出主軸能力與輔助能力**

　　從Step 3中可以發現，有些能力是我自己認為有具備，大家也認可的，但是有些只有我自己發覺，或者是只有周圍的人發覺，那麼我就可以從中挑出主軸能力與輔助能力。我的主軸能力就是善於團隊合作與口條清晰，而輔助能力為統整能力強、觀察力敏銳、善於創新創意思考，其實輔助能力還可以再列得更多，把所有我認為自己做得比常人輕鬆或是稍微好一些的都列出，例如英文聽說讀寫能力、日文聽說讀寫能力等等。

- Step 5：**應用場景發想**

　　了解自己的能力，就像了解自己有什麼武器與背後的資源，接下來，我們需要很實際地去想像在哪個場景可以發揮出自己的技能、技能組合。（請搭配以下技能組合盤點表格閱讀）

　　舉例來說，英文聽說讀寫能力＋善於團隊合作的技能組合，適合去歐美外商公司或是市場為英語系國家的企業，擔任需要與內部協作、溝通的工作，例如專案管理師。

主軸能力	輔助能力	技能組合 （主軸能力 x 輔助能力）	應用場景發想
列出 1～3 項你覺得最突出的能力	列出 5 項你覺得自己不錯的能力	至少一個主軸能力 x 1 至 2 個輔助能力 列出你覺得能發揮得最好的 5 種組合	任何你覺得左側技能組合能加分的工作地區、產業、職務，甚至是很明確的職缺都可以寫上來，例如 ABC 公司新加坡分店的銷售業務 or 精品包行銷

先向內盤點完自身的價值觀、喜好、專長以及可應用的場景和組合之後，是不是覺得心裡踏實許多？不過求職畢竟還是需要面對市場，所以接下來，我們一起觀察外部的機會與資源，可以如何幫助我們達成職涯目標，進而更靠近理想生活。

❹ 挖掘求職市場機會必懂：地區、產業、職務

如果說我們的職涯就像一場人生不得不打的仗，而地區和產業就是你所選擇的戰場，職務就是你選擇在戰場中擔任的角色。這場仗打得漂亮能夠讓你過上想要的生活，打得不漂亮可能導致勞碌一生，卻遲遲得不到自己想要的。

❺ 地區和產業通常是決定你的企業文化、薪資範疇最關鍵的因素

地區可以概分為所在地區與市場地區，所在地區就是工作的地點，而市場地區則為公司業務主要涉及的市場。不過其實這章節並不是要跟大家分享每個市場的特色，而是如這小節的破題一樣，與大家分享，為什麼我認為了解市場是必要的，因為它能決定大部分人很在意的企業文化與薪資範疇，以及大致上可以如何去研究市場和依照職涯目標做選擇。

在台灣如若不是頂尖人才或是創業、接案自營，光靠自己的薪水收入要能在工作五年內買得起台北市黃金地段的新房子，幾乎可以說是天方夜譚，大部分像我們一樣的平凡上班族，還是得靠父母資助或是繼續打拼幾年，才有可能貸款購入。所以如果今天你工作的目標之一，是一年賺一千萬，而且你希望這一千萬都是薪資所得，在台灣以一位新鮮人上班族的角色來說真的很困難。如果你的公司業務市場為海外市場，餅夠大且利潤結構佳，那也許有機會，不過我想這樣的機會肯定也是競爭激烈，僧多粥少。

作為一個普通的上班族，直接選擇海外的市場就業，更容易拿到目標薪水，雖然實際上還得考量當地的生活消費水準，但是大部分的情況下，淨收入還是會遠比在台灣多很多，所以許多朋友不顧艱難，真的就是為了收入，與公司爭取長期外派機會，有的去歐美市場，有的前往東南亞市場，外派加給也會讓薪酬比原本在台灣工作多很多，此外，也很多朋友直接爭取去海外公司的工作機會，雖然在當地市場該份工作也不算薪酬特別好，新鮮人大概月收七至八萬（不含其他津貼福利），但是在台灣以他的條件，過去都只能找到三四萬的薪水。

接下來，選完市場地區，產業其實也是很重要的因素，光從台灣本身市場來說，如果兩個人同樣選擇在台灣工作，A畢業生進入IC產業，B畢業生進入非熱門產業，即便同樣都是擔任專案經理的角色，在學校時B的專案管理能力甚至更是備受教授、同儕認可，但是A的收入仍是遠遠超過B。所以在選擇市場地區與產業時，整體的薪資水平是很需要注意的部分，因為如果你的職涯目標是希望快速累積財富，而你也沒有特別懂投資理財等等，那麼選擇能幫助你更快、更輕鬆達成目標的產業和地區，就至關重要！

大家如果不確定該如何準確判斷該產業到底賺不賺錢、平均工時多寡，推薦可以直接上行政院主計處的薪情平臺搜尋，可以搜尋到同產業、同年齡區間的平均薪資，而許多求職平台也有統計資料，甚至大家可以直接搜尋有興趣的工作，觀察求職頁面上的薪資描述。如果以上功課都做完了，有機會認識理想企業、相關產業的學長姐人脈的話，也可以詢問看看新鮮人起薪或是轉職菜鳥的待遇範圍，更精準地驗證一下數據。

本小節結束之前，也想與大家分享一個很殘酷但是很現實的真相：「選擇有時候真的比努力更重要，而且是大多時候！」所以在閱讀

這本書的時候，我們務必要做的就是「誠實面對自己的內心」，才能搞清楚目的、動機，並依此規劃合適的作戰計畫。

記得有夥伴在Instagram限時動態詢問過：「不知道文組如何迅速年薪破百？」如果你誠實並縝密地釐清過目標和方向之後，你希望自己能在畢業後於台灣工作，並在三年內年薪破百，那麼你的能力好不好反而是其次，重點其實是「選擇」，根據目標做對選擇，你就能事半功倍。

當時我給夥伴的建議是選擇整體高薪的產業，例如我自己待過的金融業、科技業，即便是行政助理，可能都比前景差、利潤差的產業的經理職收入還要多。第二個部分，選擇在台灣業界薪資較沒有天花板的職務，我很贊同行行出狀元，但是現實面來說業主願意支付每個職位的薪水還是有相當大的落差，這部分可以做功課調查，目前就我所知，較不容易碰到薪資天花板或是新鮮人也有機會領高薪的機會有業務、數據分析師、PM、成長駭客、口譯員等。

　　最後，也可以選擇一間市場在海外的公司，這部分必須慎選，但是選對了即便不出國，也能相對輕鬆地領高薪，例如公司賺的是美國市場的錢，他給你的薪水也許在美國人力市場中一點都不高，對老闆而言一點也不負擔，可是當你生活在台灣並與台灣人力市場比較時，是相對高薪的。以上分享僅供參考，重點是想讓大家知道，向內釐清目標、動機，向外了解市場機會，你的職涯路肯定能越走越順！

　　除了薪水之外，企業文化也非常受地區和所處產業影響，舉例而言，在東南亞工作過的朋友大多會分享，氛圍比起台灣還是偏chill，大家工作起來不太會有緊張氛圍或是咄咄逼人，而去日本工作的朋友絕大部分還是會感嘆飽受保守社畜文化的摧殘，上班仍舊深受滿滿的

規則與前輩制度影響，雖然有特例，但是以大多數來說的確有整體文化、風氣上的差異，是選擇工作時必須考慮的點。而每個產業的文化不同，相信大家都有所耳聞，雖然不同公司還是會形塑不同文化，但是產業的影響通常更深遠，畢竟通常是與產業本身業務有所關聯，例如金融業因為牽扯到金錢與隱私，所以通常風氣會較為謹慎保守，而電商產業通常具有更快節奏、活躍的產業文化，以因應快速變化的消費者市場和趨勢。

不過，分享這麼多，其實並沒有要鼓勵大家選擇收入較高的產業和地區，只是希望大家在考慮或是選擇職涯的時候，能加入「市場和地區」這樣的外在因子來判斷，而不是一味地努力，卻沒有事先調查大環境根本給不了你想要的收穫。

其次，由於市場地區和產業，其實仍會隨著世界的大環境更迭，所以以上外在因子都是「參考用」，而且每年都需要謹慎觀察趨勢，不建議選定了產業就懷抱著當初預估前景好，十年後前景一樣好的念頭，仍需要做動態調整，才不容易淪為被時代拋棄的人才。

⑥ 多多從各方面認識不同職務，讓你對職場的想像與理解更多元立體！

還記得在大學的時候，不管有沒有實習過，還是覺得好多職缺我不大了解，職場也仍然隔著一層紗，現在才發現其實除了實習之外還有許多資源可以運用，讓我能更有機會體驗、了解不同職務，例如以下以幾種方式，我都很推薦大學生、職場新鮮人可以善加利用：

• 善加利用書籍、網路資訊、線上課程等資源做前置準備。

這個部分很基本，相信很多人已經在做了，不過我覺得運用時，還是需要釐清目標，了解即便是同產業同職務，不同人的感受仍會有所不同，所以參考即可，真正的疑問可以問問學長姐或是認識的人資、業界夥伴，得到第一手資料。

• 多多詢問學長姐、前輩，他們的現在就是你的未來！

由於學長姐與大家通常會有著一大共通點：有相似的學經歷背景，在剛出社會時，等於大家都站在差不多的起跑線，所以學長姐的現在，通常就是大家的未來，可以參考學長姐的分享，可能更能給予自己幫助！

- **做足準備並積極參與職涯、徵才交流活動。**

　　現在各種徵才機構、人力銀行或是學校、系所都有舉辦非常多類似主題的活動，可以多多加入該場合，實際與業界的人聊聊，也許會聽到新鮮人或是學生沒有辦法想像的職務面向，也更知道對方需要什麼樣的人才。不過切記，只有身體到場是無法有太多幫助的，參加每場活動之前記得先思考參加目的、期望收穫，並準備好自己的履歷、想詢問的問題，才有辦法事半功倍！

- **挑選幾個自己有興趣的社團、組織，實際投入。**

　　最後，我個人會非常推薦過去的自己，除了只是接受各種資訊之外，不如直接做做看吧！不一定要實習才能模擬職場或是該職務的工作，可以加入有興趣的職務相關社團，因為很多事情表面上看著都很有趣，自己也都不排斥，但實際執行又是另一回事，不如直接做做看才知道。而且最好是需要每位成員投入多一點時間和心力的組織、社團，由於在有壓力的情況下，自己有沒有興趣、有沒有天份，是否未來想做這個職務，就會明朗許多。校外組織有XChange、人才加速器、Collaborator等，而校內組織可以看看學校內部是否有如管理顧問社、行銷研究社、投資理財社，如果沒有的話，也不妨試試自己創立一個！

▶ 比起直接跳到結論斷定自己適合的產業和職務， 應該先盤點「理想工作元素」

　　嘗試完上一小節分享的向內和向外探索之後，除非你已經百分之百了解自己就是想做特定產業或是特定職務，不然，還是建議別急著跳到結論如「那我未來就做產品經理」，我們先來了解「理想工作元素」的概念。

　　由於過去我都沒辦法從既有的工作中看到我覺得很滿意的工作，一度以為是自己毛病太多，向內探究自我價值觀與觀察市場之後，才知道沒必要一直糾結、挑剔別人端出的菜色，不如我自己先客製化餐點，然後假設食材、資源短缺的情況下，有些配料要替換或是以後再加，這時候再去看別人端出的菜色，一下子就能挑出真正想吃、吃了會開心的。換成工作也是一樣，與其挑剔市面上的工作沒一個滿意的，或是見到哪個都動搖，不如先釐清心目中理想工作「該具備什麼元素」，並排列出「優先順序」，當目前市面上找不到滿足所有條件的工作，而自己也還沒有辦法創造新選項時，所有符合主要理想元素的工作都能嘗試，隨著職場價值越來越高，以後再慢慢補上其他理想元素也不遲。

舉例我在尋找目前這份工作時，列出的理想工作需具備的元素有：

1. Routine工作不多，每天都有一點新的學習。
2. 需要有團隊和主管，不要直接對到C-level，希望能有團隊可以腦力激盪、討論。
3. 薪水不能低於每月 xx K。
4. 辦公室環境要舒適，有冷氣、有電腦椅，不要很擠或是像倉庫。

︙

族繁不及備載，但對我來說最重要且不能妥協的就是前三點，所以我轉職時，只要是B2B行銷（符合既有工作專業）又符合以上三點，我都投投看，其他如果剛好符合甚至比理想元素更理想我就當bonus，例如薪水超過我要求的部分！

我不強迫自己一定要找到每個理想元素都能集滿滿的工作，不僅可能性低，而且就算找到一個90%理想元素都符合，但是前三個最重要的求職要求不符合，其實還是白搭，因為不符合整體的職涯方向和目標，所以我還是會選符合轉職需求的工作，其他的就當有就幸運，沒有也沒關係！

目前理想工作需具備的元素：

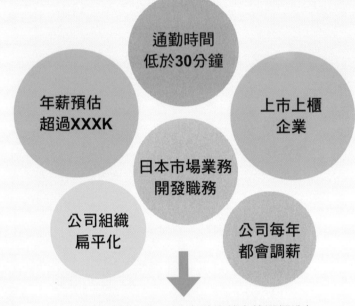

通勤時間
低於30分鐘

年薪預估
超過XXXK

上市上櫃
企業

日本市場業務
開發職務

公司組織
扁平化

公司每年
都會調薪

現階段最重要的三個元素：（即本次求職的基本篩選標準）

上市上櫃
企業

年薪預估
超過XXXK

日本市場業務
開發職務

三項都符合的職業才是本次求職或轉職要考慮的選項

為什麼比起跳到結論説「我就是要做金融業或是我就要做產品經理」，應該先盤點「理想工作元素」？

- 第一個因為這樣很可能在你還沒搞清楚自己可以嘗試的所有選項之前，就直接依照有限資料幫自己做了錯誤的決定，畢竟對於學生和新鮮人來説，對於每個職務或是產業的了解，大多都是一層雲一層霧或是瞎子摸象。

- 第二個原因是，現在科技發達，時代也發展得飛快，很多工作過去五年、十年幾乎沒有人在做，如果能釐清自己想要的理想工作元素，就不容易錯過這些新興機會，而不是死守「我就是只能做我要做的那個職務」。

- 第三個原因是，以前我一直很糾結，我實在找不出哪個產業裡的哪份工作我可以一輩子做不膩，看著家人一輩子在同間公司做同一種職務長達三十年，實在不可思議，所以我一直無法下定決心挑出確切的產業和職務，一直是別人眼中「不知道自己要什麼」的人，但是如果這輩子只需要挑出幾項理想工作需符合的元素，還可以視情況在轉職時調整，那我其實釐清楚自己現在以及三五

年後的未來「想要的元素」，這樣一來對於職涯我也不再抱著一種選了一種產業職務就要一鏡到底，不然成本很高的如履薄冰心態，反而可以很開放地嘗試許多選項，但是又能持續朝著我嚮往的職涯目標前進！

所以當別人問你想做什麼的時候，你不一定只能回答「我想當外商科技公司的產品經理」或是非得要做個結論說自己就是要去某個產業或是擔任某種職位，你可以回答我想做「從0到1具有開創性的任務或產品」、「年假高於10天」、「工作環境需大量運用外語能力」的工作，只要符合這些特質，而我也剛好具備所需能力，那我都願意嘗試。

有了理想工作元素的概念，最後，跟大家分享幾項重要心法，希望能幫助在職場中徬徨無助的你，減輕不必要的焦慮：

• 完美工作即使存在，也非常難一畢業就達成或是轉職一次就成功，所以當你轉職、求職無法一步到位時，記得絕對不是你的問題，但是可以把這些嚮往當作你努力的方向與動力。

- 非常建議以終為始的規劃職涯目標，但是與其執著於找到完美的工作，不如以元素的概念自己客製化專屬理想工作！

- 把職涯當成一段積分賽，經由每一次的嘗試與不斷累積經驗，你會蒐集到越來越多專屬理想工作必備的元素，越來越接近你自定義的 Dream Job ！

DIY 轉職指南出爐！

　　強烈建議大家還是照著第四章的脈絡從頭開始閱讀以及釐清狀況，在使用這份轉職指南時，也會事半功倍。

探索內在價值	釐清原因：你工作是為了什麼？賺錢嗎？若是賺錢，想賺多少？想把 80% 的錢花在哪？
	以終為始：什麼工作可以讓你最快賺到目標金額？如果你的目標不是錢，如何規劃你的職涯路徑，能讓你最快達成目標？
	定義熱忱：刪去法＋最小成本行動，釐清可以當飯吃的熱忱！（真的試過都沒有，可以直接往下一塊，不用糾結一定要找出來）
	盤點能力：羅列相對優勢、專長與特質以及歸納出可以應用的場景。

了解 外部 情勢	**產業地區**：決定你的企業文化、工作環境和薪資範疇，務必做好市調！
	職務發展：與其憑印象＋道聽途説，不如善用多元渠道並實際嘗試，認識多元職務的立體面貌與未來發展！ 書籍、網路資訊、線上課程等資源説什麼： 詢問學長姐、前輩的心得： 參與職涯、徵才交流活動的收穫： 適合加入的社團、組織與其收穫：
釐清 轉職 方向	**預期收穫**：寫出 2～5 項對轉職的預期收穫和相應原因。
	自定義理想工作元素：寫出依照預期收穫，現階段轉職工作需具備的三項最重要的理想工作元素。

　　最後，也想與大家分享職涯規劃是一個動態過程，所以在執行的過程中，一定會有不同的想法或接收許多外在影響，就如同大家常説的計畫總是趕不上變化，保留一些彈性，適時配合著人生走向做一些調整，不用感到罪惡，只要你知道自己在往哪裡前進，人生絕對還在軌道上！

Chapter 5

轉職也要看
天時地利人和嗎？

轉職也要看
天時地利人和嗎？

▶ 工作沒做滿一年，是不是超扣分？

其實平常在我的IG帳號——「斜槓IC」中，也常常有人私訊詢問到職一個月走會很扣分嗎？半年走呢？還是一年？我知道有些夥伴明明很想走，分析下來也覺得各方面都適合走了，但就是不希望自己背上「草莓族」、「不穩定」的標籤，所以總想至少撐個一年再離職，雖然工作年資的確是個該考慮的點，但是有些特殊情況就該另當別論，舉例來說有粉絲詢問過：「目前是剛到職一個月左右的新人，本來有興趣的工作，因為工作量大、過勞和被逼迫的狀況，已經討厭到每天都想離職，該怎麼辦？」

我也做過一開始讓我熱忱滿滿的工作，但是因為各種身體上的過度壓榨，以及情緒上的反覆無常，讓我覺得已經超過身心能負荷的程

度，所以不只熱情被消磨光，整個人的身心狀態都變得很糟糕，直接長胖了十公斤左右，體脂也直接+7％，透過長期的加班吃外送以及幾乎天天熬夜只睡三、四個小時，在明明是少女的年紀養出了脂肪肝、粗糙的皮膚、痘疤、生理期紊亂等問題。但是我當時其實沒有馬上離職，因為覺得對於這份工作我還有想完成的任務和給自己的目標，而且就差臨門一腳，我不想放棄，希望能再撐一下，做個完美Ending再離職！不過，回頭想想如果想離職的原因，如過勞等與身心有關，是非常嚴重，也需要立即面對的問題，因為身心健康幾乎都是「不可逆」，為了一份工作，就付出身心健康的代價，真的是得不償失。

我會這麼建議當初的自己和詢問的粉絲：

• 先釐清過勞或是造成加班的癥結點。

　　思考切入點：是因為我還不夠熟悉公司業務、流程，才造成過勞嗎？那是不是熟悉了就能解決問題？還是說交辦給我的任務，真的不合理地多？找出這個問題點是暫時性的，還是永久性的？若是暫時性的預計多久後能解決？如果是暫時性的而且不超過半年就可以解決，我個人會傾向繼續在同個崗位努力看看。

- 思考並執行看看，針對問題，目前有什麼自己能做的？

　　目前過勞、加班的情況，主管知道嗎？有辦法新增人手嗎？或是提供更多的上手訓練？有沒有前輩可以詢問建議？例如若主動與主管請教方法，主管可能會告訴你，雖然被交辦的任務很多，但其實對公司來說重要的只有A、B、E，其他部分快速做完即可，不用太要求高品質，多花時間在這三項，這樣時間會比較夠用，也比較能效益最大化。

- 同時，開始關注其他職缺，並整理履歷，邊投遞工作。

　　在執行前兩項的同時，也要趕快打開求職網站，像前面粉絲夥伴的例子，才剛到職一個月，表示距離上次轉職還沒有很久，對於找工作的方向其實還歷歷在目，才工作一個月，其實履歷也無需更新，可以直接找類似的工作，不過建議多新增一項需觀察或適時詢問的條件：工作量合理，不需要加班等。如果能找到符合的職缺，那自然也不用擔心工作時間不夠長，被challenge說缺乏穩定性的問題，只要你的下一份能接受，這就不成問題！

　在剛出社會的時候，我們本來就會時常聽到長輩或是學長姊分享說，第一份工作不要太快轉職，但是每個人對於一份工作要做多久，都有不同的見解，目前我的想法是這很看產業，有的傳統產業或是企業文化比較保守，大多主管或人資會認為沒做滿三年，其實都有點「不夠穩定」的嫌疑成分在，而我過去待過的新創，根據人資同事統計，平均流動率是六個月，而我在該新創公司待了超過一年半，這樣算是穩定還是不穩定呢？其實許多人資朋友都表示，單次的工作年限短雖然有點扣分，但是通常人資是看一個cycle（循環），除非你的履歷上幾乎每份工作都只做不到一年，才容易直接因為年資而被判斷為不適用，讓人產生你是不是不太清楚自己的職涯方向，或是很難穩定下來的想法。

　雖然這件事沒有一個無時無刻都包管用的正確答案，但我還是希望能給大家一些小建議：

- **工作未滿一年，甚至是半年，對求職有無影響，要看下一份工作是否在意！**

    你可以去調查看看想跳槽的工作要求的工作經驗，或是問問在該產業、該理想公司的前輩，有什麼想法？有的新創其實沒有很在意，我第一份工作做了半年之後，也有投遞其他公司的同性質職缺，對方公司說有半年經驗其實比學生好多了，他們覺得可接受，所以有時候調查一下比自己私下瞎猜更精準！

- **求職就像擇偶，外表雖然不是最重要的，卻是首先會看的，所以合理的工作年資自然比較為求職加分。**

    畢竟當對方還不認識你時，只能用你的履歷來推敲出你在職場上的表現，如果工作年資符合市場平均標準，基本上會比較安全，也不會遇到因為工作時間太短，而被理想工作刷掉的風險。

- 時間長不一定加分，時間短也不一定扣分，重點是你在任期內達成什麼？貢獻了什麼？

　　聊到這裡，有些夥伴會誤會那是不是工作做越久就對下一份越加分？當然不是！如果你做了五年、十年，都沒有任何升遷，也沒有什麼代表作、或是突出的績效，那其實放在履歷上，也會傳達給對方：「你的能力沒有受到肯定，可能有點問題」的訊息，反而很扣分。如果你在職期間不算長，但是至少超過半年，而你在這半年期間也很努力的達成了許多績效，那肯定得要在履歷上面好好凸顯，也能最小化在職期間不長的扣分程度，若是能為此期限做出對方也能理解的合理解釋，這段經歷甚至可以是加分項！

> 「工作未滿一年不一定是致命傷，能提出優秀且確切的貢獻和成就，才是重點；但是若遇到嚴重影響身心狀況，無論能否提出貢獻和成就，都必須要立即想辦法解決。」

現在時機不適合走，在職時間一樣可以很充實！

　　在Chapter 3〈留下來，真的是個「不勇敢」的決定嗎？〉這一章的最後一小節〈隨時讓自己準備好應付萬變〉中，提及了許多讓大家在職期間，可以做的心態面、思維面調整和準備，這裡就讓我們延續這個話題，看看具體而言，可以如何讓自己持續成長。具體的執行作法以及可參考的運用資源，這裡我想先分為兩個情境來和大家分享：

❶ 上班時間

　　無論我們喜歡與否，在無法馬上脫離現在工作的情況下，每週至少會花40小時在工作上，與其擺爛或是天天抱怨著度過，不如好好運用有限的時間，在更好的機會來臨前，讓自己變成更有價值的人才。這邊我覺得也可以分成兩大塊，分別是累積亮點經驗和擴大舒適圈，為未來的轉職和職涯鋪路。

- 累積亮點經驗：

其實很直白，無論之後想要轉職、爭取升遷或加薪，其實都需要一個吸睛的成果，可以說服決策者，所以搞清楚目前職務最看重的是什麼，努力去爭取執行的機會，讓自己的履歷上可以有很明確的亮點經驗，讓你找到與現在不同層級的工作，不同層級不一定指的是職位頭銜，也可能是薪水層級不同、公司規模不同等等。例如如果你是業務，可能除了為公司帶來超過目標的業績之外，若能與行業內龍頭企業建立異業合作夥伴關係，不僅成功為公司創造源源不絕的商機，加上手上又有了與對方公司窗口的connections，這份經歷可能就有機會成為你的墊腳石，讓你未來在爭取更好的薪水、職稱等機會時，多了幾分籌碼。

- 擴大舒適圈、尋求高速成長：

除了爭取表現的機會，讓自己對外有好的亮點成果可以放在履歷上，作為求職最大賣點之外，當然也要追求實質性的成長，尤其是個人的思維和能力面向的成長。在自己本來的職位上，努力嘗試看看不同的突破或是爭取不錯的機會，即便做完不一定能有像是加薪升遷等外在誘因，但是，做的過程能學到自己很想獲得的技能和歷練。每次分享這類型的想法時，都會有不少夥伴回

應說不太確定實際上如何找到突破的空間，其實即便是例行公事很多的工作，還是能找到空間突破。

　　舉例來說張小寶於電商產業中擔任後台營運人員，負責處理電商物流、金流和賣場後台營運，每天經手的事情大抵相同，雖然看起來像是天天一成不變，不像業務有明確的業績目標可以去追求，可是效率上仍有優化空間，不管是找到更合適的軟體工具處理一樣的事務，讓效率提升，還是從優化現有的步驟，刪去不必要流程，讓程序變得更直觀、順暢，都還是有尚未達到100分之處，而這正是我們可以努力試試看的地方。除了提升效率之外，也可以觀察看看現有的工具與資源，是否能夠讓例行事務的效能被提升，例如以前一小時能協助三間品牌申請完成電商新帳戶，是否有在資源成本不變的情況下，能提升產值的方法呢？

例如原先一小時只能開三戶，主要原因是卡在金流申請的部分，大部分品牌資料都不齊全，但品牌客戶還是堅持先試試看，一來一回浪費很多時間，這種情況下，若是網路上能有教學影片、講義等素材，讓客戶能快速事先了解所需的資料和流程的話，也許可以減少後續的溝通和試錯成本，或是與金流方建立好關係，協議好若金流方願意派出人手手把手輔導品牌方處理這一階段流程，我方就一律請客戶串金流時，使用該金流商的服務，藉由異業互惠互利的夥伴關係，讓原本的效能和效率問題能有一定程度的解決。

　　現在不適合走的情境下，我們通常會不甘於現狀，想著：「我完成這個，我就要閃人了，之後誰管他們死活」，但是轉職了幾次，我覺得為了自己好，盡量別這樣想，因為這樣思考下去，八成都會越想越憤世嫉俗，也很難完成上面所說的累積亮點經驗和高速成長的目標，甚至很難在原公司中留下好口碑，而公司該賺的錢還是繼續賺，對公司其實沒什麼大損失，對自己的損失卻不少，不是很可惜嗎？

　　美國社會心理學家里昂・費斯汀格（Leon Festinger）表示，生活中的10％是由發生在你身上的事情組成，而另外的90％則是

由你對發生的事情如何反應所決定，而這90%也正是我們能掌控的部分。雖然事事都想成90%是我們無法掌控的比較容易，全部都怪天怪地、怪運氣、怪別人就好，但是長期累積下來，整個人生真的就會越來越難掌控。

例如，張小寶有離職意願，雖然現在就很想走，但是目前工作若能拿到外派紐約三個月的機會和經歷，不僅外派津貼豐厚，履歷上也能大加分，儘管真心覺得目前工作內容很無聊，也沒什麼學習，同事也不太好相處，每天辦公室鬥爭心很累。雖然目前的職場生活很辛苦，但是既然有自己想得到的，又近在咫尺，如果心懷怨懟而無法好好工作，自然也很難努力表現，積極爭取到外派機會，這樣可不是落得兩頭空？如果等不及了直接辭職，加上有點經濟負擔，草草離職又急著尋找下一份工作，上一份既沒有累積出階段性的亮點成果，離職時大家也把張小寶不甘和越來越不積極的表現看在眼裡，跳槽通常都是要追求更好的待遇、環境和舞台，不過以上案例的轉職情況，多半很難追求到好機會，說不定因為時間緊急，只能找一個不如原工作的機會，豈不是得不償失？

所以就算有不滿的情緒，我們下班要跟朋友抱怨吐苦水都沒有關係，班既然要照上，哀怨地亂上一通是工作，開開心心積極努力地上也是工作，那我們當然選好好上班，我都會盡量以感謝的心情，放大目前工作上好的地方，反正都決定了終究是要離開，先不去想不好的地方，讓自己接下來的在職時間，也能穩穩定定的持續成長和獲取收穫。

在職目標釐清表

努力上班	離職前想達成
累積亮點經驗，為下一份求職履歷加分	亮點目標一：
	亮點目標二：
	亮點目標三：
擴大舒適圈、尋求高速成長	成長目標一：
	成長目標二：
	成長目標三：

❷ 下班時間

不知道大家有沒有聽過一句話：「努力上班，決定你的現在；下班努力，改變你的未來。」個人非常贊同，畢竟上班時間能同時學習，是可遇不可求的，因為大部分公司需要的是你的產出與貢獻，加上公司本身的方向和願景，不見得需要你高速成長或是十八般武藝樣樣精通，所以有可能你一直在做本來就很熟悉的事務，而沒辦法、也沒有急迫性需求刺激自己，大幅地拓展舒適圈或是成長學習。

不過，我想大部分的夥伴都知道學習很重要，但是要學什麼又是一門學問，許多人覺得自己花了很多錢上課、看書等等，在職場上卻也沒有多大的進步，其實還是老話一句，要先釐清下班學習的目的是什麼，根據目的去安排學習內容，不然很容易努力半天，但是除了沾沾自喜覺得自己很上進的成就感之外，幾乎毫無其他幫助與進展。

在前面段落有提過，學生時代的最後一年，我是在日本度過的，回到台灣之後，大部分工作的時間，我都用不太到日文，但是與我一同在日本交換留學的同儕，幾乎都進入日商，或是做與日本企業對接的工作，結果每次與一起交換的同儕見面之後，我都感到一絲絲的焦慮，於是開啟了重拾日文之旅，每週假日與日本老師在社區對話兩小

時，乍聽之下好像很上進，但是我的日文能力依然流失得無比快速，漸漸地也覺得雖然見到老師很開心，但是不是很有動力去上課。後來抽絲剝繭的思考之後，才了解到因為我其實只是為了消弭心中的不安，關於「大家都在運用日文，只有我沒有，好像我也應該不落人後」這樣的不安情緒，所以才開始上日文，但是我沒有更深入地思考，不了解自己其實現在與未來都沒有想要做需要大量運用日文的工作，即便我能做，這也不是我特別想要追求的，所以以學習日文這件事來說，對我而言，其實根本沒有明確動機與目標，不知道為何而學，學了要拿來做什麼，當然很難成功，也堪稱浪費時間、浪費金錢。所以決定要學什麼之前，應該要先完成以下的學習目標制定表，然後再從市場上選擇學習的資源。補充一下，單純很有興趣、熱忱，讓自己學了很開心，這也是很明確的學習動機，不一定要樣樣都對「職涯」有幫助才能學。

學習目標制定表

（建議有正職的情況下，一年不超過3項，否則很容易分身乏術）

想學習的領域	動機 / 目的	具體目標	下一步
數位廣告	動機：未來想跨足數位行銷領域，從數位廣告下手 目的：懂得數位廣告基本的實際操作	以預算 $3000 實際操作自己的臉書貼文投放兩週，並於兩週內持續優化投放策略、文案和視覺素材，於 2022/12/30 前獲得具成長趨勢的轉換績效。	蒐集並整理有實際操作教學的數位廣告的學習資源（包括課程、書籍、免費教材等）。

舉例來說，賈小靜想從工程師轉職做平面設計師，他發現自己有興趣的工作中10份有8份都要求須具備Adobe Photoshop、Illustrator，其他技能可能不是每份工作都有要求，例如 SketchUp、CorelDRAW、Adobe InDesign 等，且都要求不只要會操作，還要能有實際產出的作品，那對於小靜來說，就需要在下班或是轉職期間去從最優先需補齊的Adobe Photoshop、Illustrator技能開始學習，並且需要學習到可以產出屬於自己的作品集的程度。純熟之後，小靜認為自己的強項是能把工具運用得很純熟且學得很快速，希望能以技能取勝，所以決定學習剩下的技能，讓自己對每份工具都有基礎認知。加上小靜的首選是去日商公司上班或是能多接觸日本客戶的案子，未來希望能有機會去日本工作，所以同時間，小靜也在學習日文，先追求看得懂日文、寫得出日文，同時也透過許多語言交換、聚會活動了解日本文化與風俗民情。為了能圓夢去日本做設計師的工作，小靜認為目前的薪水不理想，但是短時間難以快速提高，所以開始研究、學習如何投資理財，運用槓桿和時間複利創造財富。

• 技能點滿型：

　　以新鮮人的履歷而言，技能仍是一大加分項目，而證明自己具備技能最直觀的方式就是考取證照或是提供作品集。上面小靜的案例，學習各項平面設計師要求的Adobe Photoshop、Illustrator等技能，並提供運用該技能做出的作品集，其實就是「技能點滿型」的學習，這部分通常不難，不過需要注意的就是會多種技能，但都不精，不如挑選市場與職務最需要的幾項核心技能，練到爐火純青，對職涯的幫助更大，因為工作上其實不在乎你的技能點數到底是40分還是60分，只要產不出來公司想要的產品、作品，都是白搭，跟不會差不多。

　　但是，同時也要注意技能通常只是一開始的基石，大部分的工作真正困難點不是技能，而是對用戶的理解、溝通能力等等俗稱的「軟實力」，所以我認為只要你能產出市場需要且願意買單的產品、作品，那你的技能是95分還是98分其實也不重要，不需要吹毛求疵追求到XX技能大師，這也是許多職場前輩常常分享的一個觀點。

• **實作型：**

在求學過程中我們很常被灌輸「追求好學歷」的觀念，認為「好的學歷就等於好的能力，而好的能力就等於好的工作，好的工作就等於好的生活」，這樣的潛意識一直存在大部分人腦海中。但「好」的定義其實應該要更多元，例如你認為「好」的工作，可能是離家近又沒壓力，而我認為「好」的工作是挑戰度大且績效導向等，因而造成上述潛意識讓許多人努力錯了方向，以為不停累積自己鑲金鑲鑽的學歷，就能保證獲得一個耀眼的未來人生，但其實許多行業和職務不注重「資格」，只注重市場的回饋，所以比起學歷、證照等輝煌的「資格」，你能做出大家買單的產品，才是市場公認的勝利，而這個時候我們更應該累積的是有所收穫的亮點經驗，而非看似很厲害的證照、學歷、比賽，不是說證照和學歷不重要，只是不需要無限上綱的追求。

典型更注重市場回饋的產業有服務業、餐飲業等，畢竟作為消費者要買咖啡時，比起咖啡比賽冠軍頭銜，大家其實更在乎好不好喝，是否合我胃口？如果合我胃口，我會覺得「哇！不愧是咖啡大師沖泡的咖啡，真的很厲害」，但如果不是我的菜，我想

大家也不會因為咖啡師得過冠軍，就一直買自己不喜歡的咖啡。此外，業務也是普遍不重視資格，更重視實際轉單能力、績效和經驗的職務；設計師、行銷，也相對更注重實作能力，不過行銷通常會要求不錯的英文能力，部分雇主會把英文能力與學歷作掛鉤，所以看起來還是有一定的資格門檻，但是職涯越往長遠發展，資格論通常都會越來越不重要。

　　所以如果你想轉職的方向，經過研究以後你認為比起資格，他們更在乎實作能力和產出的價值，那麼嘗試累積作品集或是實戰經驗，就是你可以努力的方向。舉例來說，大家可能會說，我想轉職當軟體業業務，那要怎麼努力、學習？除了運用課程、書本等學習資源，了解概念、心法和前輩的小訣竅之外，更可以先花時間去深究軟體業業務到底從0開始如何開發客戶到結案，拆開不同的步驟如「取得潛在客戶名單」、「實際與客戶提案」等步驟，就每個步驟去運用最小成本實際試試看，並逐步優化，例如「取得潛在客戶名單」這個階段，你可以挑一間目標公司，研究產品和目標客群後，假設取得潛在客戶名單的方式和步驟，並在不觸法和傷及他人、其他公司利益的情況下，實際嘗試找到潛在客戶名單，雖然比較難追蹤名單的品質和後續轉換率，但至少踏入了實作步驟。

或是也可以與有在創業或是經營斜槓生意的朋友合作，讓你試試看為他們找名單、接洽客戶，除了累積實戰經驗之外，接案順利的話，也許還有機會賺一點點分潤當作bonus。另外，也推薦多多運用既有的活動、社群資源，例如我目前有在參加的XChange組織，裡面也有商務開發組（BD組），有不少夥伴加入的時候僅擁有如B2B行銷等相關經驗，但也沒有正式的業務、商務開發經驗，這也是一個很好的累積經驗渠道。

- **人生觀念型：**

除了與職涯密切相關的以上兩種學習類型，我覺得「人生觀念型」學習也非常重要。如同我Instagram個人檔案上說的「相信好好生活，做好生涯規劃，職涯才能走得長遠」，除了工作之外，生活中其他面向也需要一起學習並持續進步，畢竟健康、財富、感情、人際等，與工作其實都是環環相扣，互相影響的。所以我覺得在下班時間，也很適合學習生涯設計、情感相處、財富累積等對人生全局有幫助的項目，可能相比技能與實作型學習沒有很緊急，但是非常重要，所以建議排入長期的學習規劃中。

「在埋頭學習之前，先搞清楚轉職目的與目標，依此挑選合適的學習項目、釐清學習的最終目標，才能有效成長，為職涯的下一個階段累積能量。」

離職後，一定要馬上去下一間公司on-board嗎？

感情上無縫接軌容易被詬病，職涯上無縫接軌卻是大部分人推崇的方式，畢竟還要解釋轉職期間在做什麼，以及為什麼中間間隔那麼久，不過依照我個人的經驗和與以前人資朋友聊過，其實離職後，想休息一段時間，也並非罪無可赦！那中間到底間隔多久比較好呢？其實這件事與人生大部分的難題一樣，沒有標準答案，但也有一些較安全的建議。

❶ 休息超過半年，對於下一階段求職會比較不利，但並非滔天大罪

超過半年也不會就因此導致職涯永不見天日，只是可以預期尋找下一份工作時肯定需要更多的解釋、說明。如果在休息期間，專業或是經驗上完全沒有進步，那確實找工作會增加困難度。

❷ 其實人資看的重點是「循環」，不是單次的轉職期間

如果五年的工作期間，你換過三份工作，而你的每一份工作幾乎都很快就銜接上下一份，只有其中一份間隔八個月才到新公司工作，只要能明確給出不扣分的理由，這八個月並不至於成為什麼大污點，

隨著工作時間的拉長，也會變得微不足道。另一方面來說，身為職場新鮮人，每一次的轉職都間隔半年以上，也沒有給出合理解釋，那勢必更容易被人資推斷為比較有風險的人才，可能能力不足？也可能不缺錢不缺工作，擔心太難以管理？總之，容易給第一次接觸你的人，留下偏負面的「臆想空間」，所以建議三年以下工作經驗的新鮮人夥伴，除非你確定未來不再回到職場，不然盡量不要有超過兩次轉職期間都超過半年，如果已經發生了，現在正要尋找下一份工作，也建議能主動在自傳或是Cover Letter上明確說明這段期間，你為下一份職涯做了什麼相關的準備，例如學習數位廣告投放技能、考CFA特許金融分析師證照等等，盡量讓看似扣分的轉職期間，變成懂得自我成長進修、持續努力的加分項！

❸ 離職到下一份工作on-board期間可以做些什麼？

• 第一件事絕對是好好休息！

　　開始工作之後，才意識到身體健康和心靈健康都很重要，沒有健康，職涯再輝煌也只能稍縱即逝。過去曾經為了工作，忽視自己的身心狀況導致內分泌失調、天天熬夜、自律神經失調等等，漸漸地也沒有續航力再繼續突破當下的階段，情緒和思維也越來越負

面與侷限，當下立即調適很困難，環境、情勢或自身能力可能不允許，那在轉職期間，至少要把握機會好好休息與調適，盡可能在進入下一階段之前，讓自己能用更健康的狀態去面對。

除了短暫有爽感的紓壓方式之外，建議重拾並好好建立那些因為太忙、太累而犧牲的生活習慣，例如運動、早睡早起、冥想等，先把身心狀態調適好，談下一步才有意義。

- **盤點過去的成就、學習到的技能值與軟性能力。**

    這一個部分如果有夥伴能在離職前做好，當然最合適，還有機會無縫接軌下一份工作，我的第一份工作負擔不大，就是如此。不過如同我上一份工作的經驗，在職期間根本身心俱疲，真的很需要休息一下再出發，若是這種情況，我覺得把身心狀況調適好之後，我們再來好好盤點過去努力的成果，更能沉澱下來冷靜整理。

    以下簡易的統整梳理方式，分享給大家，在再次寫履歷之前，先整理好【工作經歷與收穫盤點】表格，能幫助大家快速釐清現況，不僅更容易清晰地看出自己與未來目標的差距，正式寫履歷時也能事半功倍，效率完成！（僅舉例盤點轉職階段中上一份工作期間的收穫）

工作經歷與收穫盤點

經歷	工作項目	亮點成就	主要學習與收穫
ABC 公司 - Marketing Specialist	官網優化	減少 % 的使用者因 XXX 原因而在 AAA 步驟跳出，最終提升轉換率 % 至 %	1. 數據分析能力，包括 GA、Google Ads 等 2. 工具運用能力，包括 hotjar 等 3. 文案撰寫能力，包括下標題能力、有效 CTA 置入等 4. 數位廣告投放能力
	異業合作	與 XXX 產業龍頭簽約合作，並為公司帶來估計 $ XXX 的商機	

- **再次釐清、確定未來的職涯方向，並依此安排學習計畫與職涯目標**

　　盤點好過去所累積的成果之後，我們仍需要先釐清轉職的目的、大方向，甚至可以的話，制定具體且明確的目標。雖然你在在職期間，為了下班學習累積實力，已經分析過職涯目標，但是人的狀態和想法可能會受到不同環境影響而改變，而脫離原本的工作環境，適當休息、身心狀態良好的狀況下，也許你會有不一樣的想法。

　　非常多朋友在職期間因為痛恨本來的工作，在各種強烈的情緒下，當時訂出的職涯目標通常都與目前工作完全相反，例如朋友小玉原本在大型企業工作，情緒上認為其中一個很痛恨的原因是大型企業規則繁多冗長，所以下一份工作一定要找新創或是小公司，但其實冷靜下來，發現自己還是很在意大型企業的名聲和福利，而過去痛恨的原因其實不是規則繁多，而是因為公司的規則，讓她需要接觸許多很機車的窗口，進行沒有意義的溝通，如果沒有重新冷靜下來，再次思考，檢測自己是否真的有理性的規劃好職涯方向，很容易就因此轉職到新創，卻因為新創雖然既有規則不多，但是由於大部分成員都沒有足夠的職場與工作經驗，

一樣花了許多時間進行無效溝通，事情還越處理越混亂，這時候如果我是小玉，大概會覺得超厭世，只有不工作最快樂。

如果你過去都沒有分析過職涯目標，或是想轉職但是在職期間，沒有規劃分析過未來職涯方向，建議回到Chapter 4〈決定轉職去，然後下一步在哪裡？〉依照步驟全面釐清並制定職涯目標和執行計畫。

如果你之前已經分析過了，這次我們就可以簡單的確認自己的職涯目標與方向是否需要調整即可。

1. 首先，我們先運用以下表格針對各項分類，列出所有理想工作需具備的要素。

2. 第二步，篩選出必要的要素，建議思考角度為「哪些要素不具備，我不能接受這份工作」。

3. 把篩出來的「必要元素」進行重要度排序，記得我們現在是在評估「下一份理想工作」，以下條件不適用於一輩子的工作，例如有些夥伴會掙扎，現階段薪水不是最重要，但是在未來薪水還是不能太差，那評估下一份的時候再說，或是進入理想職缺以後，完成階段性目標，再於體制內謀求加薪，這裡先不考量！

4. 最後可以針對「前五項重要的要素」，初步思考轉職期間，可以做些什麼？或是如何挑選？讓自己更有籌碼應徵上符合要素的理想工作！例如，小靜最在意組織扁平化，他就決定優先投遞歐美企業或是新創企業，另外他也強烈希望年薪最少最少達60萬，這部分可以就他希望投入的產業和職務去做分析，例如大型外商金融企業更可能有機會獲得理想報酬，就可以優先以「大型外商金融企業」為投遞條件，接著評估自己距離進入「大型外商金融企業」還缺乏多益金色證書，所以接下來，就可以把考取多益金色證書作為其中一項待辦任務！

> 「離職後，給自己留一點空白時間，好好休息並覆盤過去的努力，下一步才能走得又順又長久。」

類型	理想工作要素	必要性	在意排序	Next Step
福利	年薪至少達 ____ 台幣			
	特休至少 ____ 天			
	提供 ____ 福利（三節、旅遊補助、免費咖啡等）			
	你希望公司有的福利：			
企業文化	一週工時不超過 ____ 小時			
	組織扁平化且 _____（例：可直呼同事姓名）			
	具完整的輪調、內轉申請體制			
	你在乎的企業文化：			
職務內容	工作事務重複性低，每天都有新挑戰			
	時常需要與人溝通、合作			
	你理想的職務內容：			
名片	公司須為台灣上市公司			
	職稱需至少為 ____			
其他	通勤時間不超過 ____ 分鐘			
	其他你心目中理想職缺要素：			

Chapter 6

轉職念頭
說不出怎麼辦？

轉職念頭
說不出怎麼辦？

其實說實話，離職也能不尷尬！

出社會以後，朋友聚會九成九都是在聊工作，有些朋友一直很想離職，卻一直被挽留，本人也覺得很不好意思硬起來提離職，不知不覺又做了好多年，離職成本越來越高，漸漸也覺得不如就待一輩子好了。其實這也不算是反例，但如果真的有更想嘗試的機會，只是因為不好意思提，或是無法下定決心拒絕慰留，錯失其他可能性非常可惜。

現今不像過去的年代，許多人一輩子都在同一間公司工作，轉職、跳槽已成為家常便飯，這些事情老闆、主管們當然明白，只是你的離職勢必會為他帶來一點麻煩，例如需要尋找接手人力、需要花時間訓練接手人力、在找不到人力之前，團隊需要扛下你的工作等，所以如果能盡量降低管理階層以及團隊的承受你離職的負擔，給予留下

來的人一個情理上都能接受的轉職原因，並且維持高品質的工作產出和態度到離職當天，都是非常重要的。不過首先，大家最煩惱的可能仍是「到底該怎麼開口提離職？」雖然工作歷練不多，但仍然有幾個建議，希望能幫助到大家：

❶ 不需要說謊，但是善意包裝事實很必要！

朋友之間都會討論到最近要離職，不知道該用什麼理由來提離職，有的朋友甚至想用說謊應付，但其實有經驗的老闆、資深主管對於員工來來去去，通常蠻習慣的，一來身為社會新鮮人甚至是學生的我們，在經歷過大風大浪的資深職場人士面前說謊，非常容易露出馬腳；二來即便沒有露出馬腳，職場世界其實比想像中還要小，尤其當你在同產業、同職務之間轉換，老闆、主管或是同事的小道消息，更是比我們想像得更暢通無阻，如果傳到前同事耳中，讓人產生不好的印象，又沒有機會解釋，非常麻煩！由於離職會給主管和團隊帶來一定程度的困擾，所以個人建議善意包裝事實，給彼此一個合理並且有台階下的離職原因。

朋友 A 之前剛轉職進入金融業，由於過去沒有任何相關學歷背景和工作經驗，所以投遞的履歷九成都石沉大海，好不容易取得一間外

商金融業的約聘工作，簽約時長半年且確定沒有轉成正職的機會，雖然條件並不是太好，但是朋友 A 很堅持要投入金融業，所以就抓住機會加入了。

工作大約三個月之後，發現這份工作對於學習到金融知識、了解營運業務幾乎沒有幫助，恰好這時候，EEE 金融公司內部開缺招募一年期的約聘，除了能實際上加入營運團隊也有機會嘗試觸碰系統優化專案，並且高機率能夠轉成正職，而且上班地點也在交通十分方便的鬧區，朋友 A 當然不想錯過這個寶貴的機會。歷經履歷面試重重關卡後，收到 offer letter 的朋友 A 更煩惱了，覺得向原公司提出離職，非常愧疚，說不出口，EEE 金融公司的新主管還提醒朋友 A，金融圈子很小，主管們大多都會在不同的金融公司之間流動，許多人其實也互相認識，務必好好小心處理離職，朋友 A 更加不知所措，於是向幾位朋友分享煩惱。

「還是我向主管和團隊說因為個人因素，我需要回家鄉發展！」朋友 A 認為這樣的理由比較充分，對方也難以挽留，問問我和其他有轉職經驗的朋友建議。如果是你們會怎麼給他建議？或是如果你就是朋友 A，你會怎麼說？

就這個案例我非常不建議「說一個毫不相干的謊言」，例如回家鄉發展，有以下兩點原因：

• 若是個青年才俊，主管通常惜才，一定覺得回家鄉發展很奇怪，畢竟朋友 A 的家鄉並沒有豐富的金融產業資源，另一方面，如若剛好家鄉分行有缺人，主管想推薦你去家鄉分行、分公司發展，用了此理由更難婉拒，豈不是搬石頭砸自己腳？

• 如同新主管說的：金融圈子很小，回家鄉發展這麼容易被拆穿的理由，用了很尷尬，說不定今天你的原同事甚至原主管，一陣子之後與你一樣跳槽到 EEE 金融公司，原主管不一定能對你的謊言寬宏大量、一笑置之，還是不要挑戰人性比較好。

　　由於朋友 A 的家人近日因身體不適退休，這件事原公司的主管、同事也都知道朋友 A 偶爾請假去照顧開刀的家人，我們最後建議朋友 A 就以事實包裝吧，告訴前公司「由於最近家人因身體不適而退休，希望自己能為家裡的經濟分擔更多，所以需要一份更穩定的工作」而前公司完全沒有為難朋友 A，表示我們理解也體諒你，這件事情的確為難你，團隊很和平的安排後續的交接事宜。

　　即便之後原公司主管與同事發現朋友 A 其實跳槽到 EEE 金融公司，也不會為難他，因為原公司確實不能給他穩定的工作（簽約時長半年且保證無法轉成正職），加上朋友 A 當初說要轉行進金融業，即使遇到家中困難，還是願意在金融業繼續深耕，不僅職涯上有所累積，也能顯示出朋友 A 對金融產業的熱忱和願意投入度，所以說不定以後有職缺適合他，原公司還是很願意給他機會。

接下來想舉個簡短的反例，曾經有新鮮人同事覺得工作壓力比想像中大，所以立即與主管崩潰提離職，在主管面前大哭一場，說自己是超級爛草莓，待不下去了。請盡量避免這種狀況，沒頭沒尾的把情緒潑給任何人，尤其是在職場上特別不行之外，也讓主管對自己的印象停留在「抗壓性極差，而且遇到問題無法解決」的壞印象，主管甚至還氣得直接表示「如果未來有 reference check，我一定給他超級負評」。

　　由於新鮮人同事已經提出離職，老闆更不會想幫「即將變成前員工的人」釐清「為什麼壓力大？」以及「哪裡可以改善？」，這種情況，仍建議先自己思考「可能的解方」，並試試看在既有環境中改善，而不是遇到問題就想逃，即便嘗試了之後沒有改善，且決心離職，也可以好好把情緒收起來溝通，讓彼此最後的印象停留在，未來還有機會合作的關係。

　　除了善意包裝事實之外，也務必不要責怪原公司的任何人、事、物，請盡量以拉力或是自身考量說明。大家都是成年人，都了解有些事情並不適合刨根挖底或是說得太赤裸，「原公司薪水福利太差，短期內也改不了」、「該學的都學完了，公司也沒資源讓你成長」、「與主管同事實在不合也不想磨合」可能都是你我的心裡大實話，但是根據你

的下一步，建議調整說法，畢竟想離職的理由通常不只一個，找一個能為公司和自己都留顏面，能瀟灑轉身再出發的說法，我通常會以預計的下一步規劃來去斟酌如何說明：

【將跳槽至同行的情況】
因個人生涯規劃，所以想去企業文化、規模等等不同的環境磨練。

【將換產業】
想嘗試 XX 產業，希望能結合既有的產業經驗，成為新世代的跨領域人才。

【將先離開職場休息一陣子】
身心狀況比較疲倦需要調適與沉澱，希望能做充足的休息之後，再重新出發。

【將先投入校園或是自我學習】
發覺自己成長遇到停滯，為公司帶來的貢獻也遇到天花板，所以希望能去做更深入的學習精進。

如果老闆問起下一份工作找到沒，如果其實已經找到了，也打算無縫接軌，我還是會語帶保留地說「有接觸幾個選項，但是還會繼續看看更多機會，希望能謹慎考慮下一段職涯」無論真實情況如何，不太建議直接說出下一份公司，說出明確的公司名稱後，老闆的感受通常不會太好，因為當有一個具體的對象，可能讓原團隊衍生一些不必要的猜想，例如「我們目前比不上你要去的那間嗎？」、「為什麼是這間？」、「你會不會把什麼商業機密帶去？」，我覺得談離職，原因點到為止，然後負責任地討論接下來的交接等更重要。

以上是個案舉例，實際上的離職原因還需要客製化，並且你也能說服自己，能夠自然禮貌地提出，並感謝對方給你的栽培與認可。

❷ 提離職強烈建議當面一對一談

個人覺得提離職用簡訊或是直接發信，觀感通常不太好，容易給團隊不負責任的感覺，更建議先以訊息約主管 15 ～ 30 分鐘 1 對 1 當面或是至少視訊面談。尤其是當你很尊重自己的工作，明白自己的離開勢必會為團隊帶來一定程度的不便和影響的話，更需要鄭重對待。

不過大部分不敢約面談的夥伴，都卡在不知道離職面談該談什麼、怎麼談，覺得氣氛很尷尬的緣故，所以接下來想簡單分享通常提離職可以準備的部分：

- **事前一定要思考好當天面談的目的和以下問題**

    1. 我已經打定主意要離職了嗎？無論老闆如何挽留，都不會留下來嗎？

    通常我會沙盤推演一下老闆可能怎麼說，以及我可以怎麼回應？

    2. 我希望離開這份工作後，和原主管與同事保持什麼樣的關係？

    如果我希望能維持和平友好，偶爾聯絡的關係，那這場面談，我肯定是希望雙方都能愉快的收尾，所以不會有任何的翻舊帳或是破罐子破摔，乾脆撕破臉的場景，頂多在被問到對公司的想法時，以委婉的態度就事論事，提出具體、有建設性的重點回饋。

    3. 這場面談我希望獲得什麼？

    有非常多夥伴在離職時，會希望主管未來能擔任 reference check 的人選、幫忙寫推薦信或是能與前公司以外包形式合作，這三種我都有談過，因為在最後的時刻，對於公司和主管還有所求，除了態度上需要禮貌尊重之外，也會在面談中真誠地分享「我在公司學到的東西」、「我覺得特別感謝公司的時刻」、「我覺得特別

感謝主管的時刻」，通常對方也會給予蠻正面的反饋，接下來，我就會正式地提出我的需求，也表達希望能與公司和主管保持聯繫，將來有任何機會（例如介紹、引薦適合前公司的案子、人才等），也都會願意反饋給原公司。

- **當天習慣帶著筆記本，條列面談想表達的重點**

離職面談問題	面談重點條列
離職的重點原因	
希望何時離職	
將如何交接工作	
我在公司學到的東西	
我覺得特別感謝公司的時刻	
我覺得特別感謝主管的時刻	
我希望獲得的東西 & 說服主管的原因	
其他：	

　　以上是我通常會準備的幾個點，離職面談其實與你下一份工作面試一樣重要，我會將之作為一場正式的會議，他可以是輕鬆閒聊的形式，但不能隨便應付或是毫無重點地進行。

❸ 請預留充足的時間和心力，讓團隊找尋新人甚至受訓並與你交接

　　離職面談一定會聊到預計什麼時間點走，這點也是非常重要的。即便我們只是新鮮人，離開仍會對團隊造成大影響，甚至是頗大的影響，畢竟許多老鳥已經很習慣有新鮮人幫忙初步處理任務，所以記得留下充足的時間給團隊應變。

　　我通常都會留比法定規定多 1～2 週的時間，讓團隊有機會尋找新人，或是讓我能與接手的夥伴好好交接，如果不得已，來不及於在職期間完整交接完畢，通常我也會告知接手的團隊或是主管，有什麼問題依然可以私訊我，離職後一個月內的時間，我都會很樂意回答問題或是給予建議，不過如果對方一直重複提出相同的問題，或是什麼小問題都跑來細細詢問，也會讓對方知道，目前有自己的安排，所以一個月後沒辦法即時地回答問題。

小提醒：正式向管理層提出離職之前，盡量不要告訴任何同事你即將要提離職，畢竟人心難測、人言可畏，說不定你後來又改變了主意，但是你想離職的想法已經傳到老闆耳裡，老闆原本想讓你升遷，但是想到反正你想離開了，錯失了一個機會或是老闆開始不想交給你大任務等等，總而言之，避免衍生不必要的困擾，建議先把離職想法放在心裡即可。

> 「離職面談和你的下一份工作面試一樣重要，千萬要記得預先思考想獲得什麼，用心準備面談重點，並保持理性友善的態度溝通。」

⚑ 前一份工作也能變成你的轉職大助力

上一小節與大家分享具體可以怎麼好好談離職，接下來想與大家分享從決定要離職、談離職到真正離開公司到離職之後的這三個不同時期的心態可以如何調適。

❶ 不要只看眼前利益與得失

離職很多時候夾帶滿滿的委屈、憤恨不平等等的情緒，我完全可以理解，畢竟剛出社會的時候也曾受過老鳥的欺負、傻傻地捲入鬥爭中，但是如同前一小節一再強調的「離職面談和你的下一份工作面試一樣重要」，面試時，我們就算當下覺得面試官態度不好、提的薪水很不如預期、辦公室環境很糟等等，也不會直接擺臭臉或是表示對這份工作沒興趣，那麼同等重要的離職面談也一樣，用專業的態度爭取一份工作，也用專業的態度收尾。

不過除了離職面談本身之外，更想談從心裡決定要離職開始，如何調整心態，非常多夥伴會想：「反正我馬上就要走了，我隨便做做就好！」、「我馬上就要走了，誰怕誰，有什麼不滿我就直接跟你撕破臉！」尤其是轉職的夥伴，更會覺得反正我們以後老死不相往來，

絕對不會遇到，有時候世界比你想像得還要小，做人還是不要太鐵齒比較好。此外，我還想分享的心態是「為了我們自己好，不要只看眼前利益與得失」而逞一時的口舌之快，或是開始態度擺爛，這些團隊都是看得出來的，不僅會為你的職場表現扣分，也很可惜喪失了未來的合作或是被推薦的機會。

許多從新創公司離職的夥伴都表示，反正公司不大也沒什麼影響力，不是很怕老闆和前同事，所以最後的在職期間把老闆到團隊都得罪光光，覺得出了一口惡氣，其實拉遠來看，這樣做很可惜。其實前公司能發展地越來越好，也會為我們的履歷大大加分，前公司的老闆變成社會上有頭有臉的人物，而你若能跟他從起步階段就保持良好關係，未來是不是可能對自己有不少幫助？即便前公司從始至終都沒有成長太多，不得罪對自己也沒有什麼大虧損。

❷ 人情留一線，日後好相見

此外，除了盡量不要滿懷情緒撕破臉之外，離職的時候我也很建議為彼此未來可能的合作，做一個承先啟後的逗點，不僅不要撕破臉，還要讓前公司、前老闆、前團隊記得你的好，尤其是工作上的優點。這件事其實並不困難，在完成最後的案子、手上的任務時，比平

常更用心一點點，也多做一些些，留下完善清晰的交接筆記、SOP 紀錄、處理任務的訣竅等，不要太計較工作時間或是任務是否在工作範圍內。

此外，生性害羞的夥伴，也許在職期間都沒有和同事交換私人聯絡方式，非常建議可以在最後道別前，與工作關係友好的同事交換聯繫方式。因為在同一個產業或是同一個職務其實很小，圈子裡的人才消息靈通，也時常在類似的公司之間轉換職涯，也許未來你們能作為彼此的推薦人，畢竟已經愉快地合作過了。

有些同事過去我們在工作上沒有大量的接觸，但是少數的合作中對彼此的觀感都很不錯，藉著離職我就和對方交換了私人聯繫方式，後來同事轉換職涯經營咖啡店生意，剛好我經營了美食部落格已邁入第三年，意外地有許多可以聊的話題，後來不只是在工作上互相幫助，也發展成可以偶爾談談心的好朋友了，實在是當初離職意想不到的收穫！

❸ 逢年過節多聯絡

交換了聯繫方式後，不知道該如何開口聯繫，當到了有需要之際才聯絡，又顯得很勢利眼，所以我通常會與過去工作上關係比較好的主管和比較要好的同事，藉著逢年過節互相祝賀、聯繫、關心一下目前近況，甚至一年半載可以見面聚餐，聊聊近況。

這個部分比較重質不重量，所以我不太會群組同步發送祝福訊息，只會和我尊敬的主管、前輩，或是真正在工作上、價值觀比較合得來的同事聯繫，當然也是很客製化的溝通和關心，不會只限於「同事關係」，而是保持著願意做朋友的開放心態，看看彼此的緣分能如何發展。

> 「眼光放遠一點，讓你的前主管、前同事成為你未來職涯的助力！」

Chapter 7

轉職成功的
最後一哩路

轉職成功的
最後一哩路

🚩 下一份工作，你該在乎什麼條件？

在Chapter 4〈決定轉職去，然後下一步在哪裡？〉章節結尾中，我們與大家一同完成了一張 DIY 轉職指南表格，得出了以下的結論：

釐清 轉職 方向	預期收穫：寫出 2 ～ 5 項對轉職的預期收穫和相應原因。
	自定義理想工作元素：寫出依照預期收穫，現階段轉職工作需具備的三項最重要的理想工作元素。

下一份工作我們該在乎的，其實到這個章節，讀者們應該已經有許多眉目，只是要提醒大家的是，轉職時務必要扣緊自己所釐清出來的理想工作元素，不要因為特定的誘惑而打亂全盤轉職計畫。

此外，大部分人都覺得三項理想元素太少，其實可以列多一點，不過務必要排出明確的重要排序，以免看到職缺的時候，又忘記自己這次轉職的目的，全憑感覺選。

接下來，我們將根據下一份工作的預期收穫以及需具備的三項理想工作元素，制定一份【轉職行動計畫】。

首先，先把你在各大求職網路平台上儲存的有興趣職缺都打開，你可能儲存了許多不同地區、不同產業甚至是不同職務的工作，先把有興趣的工作根據之前釐清的「轉職預期收穫和理想工作元素」條件，篩選至夢幻前 5 個職缺，直接於下列表格中貼上職缺上顯示的公司名稱、工作職務名稱、工作內容和職缺上所述的要求條件。

轉職行動計畫

夢幻職缺	1st Dream Job	2nd Dream Job
公司名	舉例：**ABC 科技公司**	
工作職務	產品企劃	
工作內容	舉例： 1. 網站日常營運和專案執行 2. 撰寫規格書 3. 負責對外與對內的溝通產品 　 相關事務	
要求條件	舉例： 1. 細心謹慎，不會忽視小細節 2. 善於溝通與團隊合作 3. 需嫻熟英語閱讀能力，經常 　 需閱讀海外文件 4. 從事產品企劃工作至少一年	

3rd Dream Job	4th Dream Job	5th Dream Job

　　以上的前五名職缺肯定有重複的條件和要求，接下來，依照上表中的工作內容和要求條件，列出相同或是相似的部分，並初步整理出目前是否有相關經驗、能力和作品，這部分不需要到像是寫履歷一樣列得十分詳細與精練，先粗略的盤點馬上能想到的相關經歷即可。

　　如果有幾項想破頭都沒有一丁點關係的經驗和技能，那就可以在第三個格子中填寫，大約 1 ～ 3 個月的短時間內，可以做些什麼準備，讓自己更符合職缺要求的特質，歡迎直接參考以下【轉職條件盤點與行動表】：

重複的工作內容／要求條件	目前可佐證的相關經歷／作品集等	短期可以如何累積／學習
金融產業工作經驗一年以下	1. 大學舉辦活動時擔任過預算審查委員 無其他相關經驗	1. 考取金融業基本必備證照 2. 去 coursera 上課，並取得大學機構頒發線上金融課程證書

千萬要記得列出需要加強或是進一步累積學習的部分之後，立即安排目標、期限都明確的學習計畫，並且把每一項學習計畫排出優先順序，依照著優先順序一個一個實際執行，才有辦法在短期內更接近自己的理想職缺。

跨領域轉職不一定要從 0 開始！

很多人以為跨領域轉職一定要從 0 開始，所以一直不敢邁出第一步，但我認為其實過往的經歷以及所累積的能力，依然可以作為你的武器和加分項，所以不一定需要像我第一次轉職時，幾乎是傻傻地打掉重來，以下是我覆盤轉職後得出的心法。

• 找出理想職缺和過去經歷間的共通點

雖然產業或職務有所不同，但是經驗肯定有相似之處，運用的能力、技能也一定有可轉移與通用的部分，千萬別瞎猜覺得 XX 產業肯定需要什麼技能，建議根據該理想職缺所列出的工作內容和所需技能，挖掘出理想職缺和過去經歷間的共通點，凸顯相似的經歷與共通的能力。

舉例來說，小花原本是電商產業中的專案管理主管，有許多專案管理的案子或是帶領團隊的經驗，而這次小花希望能轉職成為業務，但是過去毫無業務經驗的她，我們可以試著思考看看，如果自己是小花，該如何在履歷上凸顯她具備相關資格與潛力呢？

　　專案管理勢必有許多領導經驗、團隊管理和與眾人溝通協調的經驗，而業務的職缺要求中一定有溝通能力或是業務成功的經驗，也許你過往缺乏直接開發陌生客戶到完整結案的經驗，但可能有與客戶談判交涉、價值交換的經驗，這些都很適合在求職履歷和面試上，強調相似的成功經驗，並說明如何運用自己能力達成。

　　此外，也可以從產業或是企業文化下手，例如業務需要非常具備行動力的人才，不畏挑戰，那原本待在電商產業的小花可以於自傳和面試中提出電商產業快速變遷、挑戰眾多的特性，來連結與證明自己具備業務所需的能力。

不用找特別厲害的經歷，重點是要能凸顯「合適度」，所以即便是以往學校的課程或是課外活動也可以加入：

1.相關課程

像是學過商務談判的課程成績（A- 以上的相關課程可以放上）、課堂中學到的策略和專業技能與知識都能放上履歷。

2.相關競賽經驗

有得名當然得説明如何得、得的名次如何厲害，沒得名也沒關係，可以説説自己的收穫或是收穫的評價、具體帶來的改變。

3.能呈現特定特質的活動經驗

例如許多大學生都有參與的之夜活動，如果你擔任過領導的角色，可以提出在擔任此角色時，如何對內與團隊溝通，對外與場地、贊助廠商等溝通，並達成具體的數據成果。

• 軟實力是最常見的突破口

轉換職務的話，硬技能需多花時間累積與補足，但是軟實力大多可以通用於諸多職缺，也不太會因為換了一間產業、公司或是職務，而通通不管用，所以如果你不知道該如何找到共通點，可以先從幾個常見的軟實力下手去於履歷、自傳和面試中凸顯。

例如專案管理能力、團隊合作能力、溝通能力、談判能力、執行能力、問題解決能力等等，但是別忘了重點是要搭配過去自身的經驗和成功案例說明，強調以上軟實力，而不是只說我有負責過 XX 專案，具備專案管理能力。

- **透過過去經驗與案例，說出可以通用的方法論**

　　在過去的經驗中，許多人已理出自己做事情或是面對特定狀況的方法論、準則、策略，不妨整理成自己的資源，無論是想要於網路上分享自己彙整出的方法論、工作訣竅等，或是將方法論應用於為新職缺提出策略建議，都是不錯的方式，可以讓對方知道你的加入，具體可以做到什麼？以及更好想像你能為新公司帶來什麼價值。

- **秀出你為下一份工作做的準備和進度**

　　最後一項也是最關鍵的一項，轉職投遞職缺時，能從投遞動機、經歷、技能等各方面展現你有多適合這份職缺，是最重要的，所以一定要在履歷、自傳、自我推薦信和面試中展現這一塊，並且如果能把過去經歷包裝成你為下一份工作準備的故事，也很加分。例如，剛剛舉例的小花，為了能取得業務職缺的工作，嘗試參加下班的組織活動，實際擔任商務開發的角色，為組織爭取資源，這種案例即便不是正式的工作經驗也沒關係，一定要將這份工作放入履歷、自傳中，讓理想工作的人資與未來主管，直接看到你的努力。

　　此外，也很推薦大家針對自己夢幻職缺，直接做一份客製化提案簡報，直接模擬開始工作之後，你會做些什麼、為團隊帶來什麼建議、提出什麼策略等等，無論品質好不好，也會有很大的誠意加分。

　　假設目前我們在上一小節【轉職條件盤點與行動表】已經把該努力累積的部分，累積的至少八成進度，接下來就可以進入許多新鮮人

最煩惱的履歷撰寫步驟，不過打開電腦正式開始寫履歷前，先分享我常用的一個萬用表格，是所有履歷版本的前身。不建議急著把經歷塞進制式的履歷排版中，花時間調整細節，先好好盤點過去的經歷，轉職時若要根據不同的職缺客製化履歷，就很方便快速，也不會陷入越寫越混亂的困境中。

❶ 轉職履歷的暖身表

　　首先，可以先把每段工作經歷、下班活動、校園經歷都先地毯式、毫無遺漏地列出，接著好好思考一下每一份經歷的以下幾個問題：

- 具體在每段經歷中，負責過什麼項目？
- 當初負責項目的目標？（無論是自己訂的目標，或是當初主管、團隊制定的目標）
- 當初為了達成目標做了什麼努力？（包括運用什麼策略？嘗試了什麼計畫？）
- 獲得什麼收穫？（包括學到什麼技能、體悟、有用的策略）
- 獲得什麼亮點成果？（包括具體的數據成績、質化的正面表現如被誇獎、得獎、與權威機構合作或是被認可）

 履歷架構思考範例

經歷	**XX 大學系學會──會長**		
詳細的工作內容	1. 領導超過 20 位系學會成員為期一年，統籌各部門事務及進度。 2. 主導跨部門溝通協調，讓成員間無資訊落差，減低溝通及時間成本。 3. 負責規劃系學會預算並審核各部門預算，確保經費都能花得有效率和效果。 4. 負責為系學會爭取實際經費收入，讓成員有更多可運用的經費。		
亮點成果與收穫	審核超過 50 萬經費，預算刪除率達 10%，一年內節省 20% 無效經費。	領導 20+ 位系學會成員與 5 大部門，整體團隊領導滿意度調查高達 9.5/10，年流動率低於 X %。	成功改組 XX 部門，首度開拓 XX 業務，為系學會帶來 XXX 資源，大幅提升系學會影響力。
重點標籤	# 審核經驗 # 預算管理	# 領導力 # 團隊合作 # 溝通力	# 業務拓展力 # 溝通力 # 團隊管理

一起來暖身

經歷			
詳細的 工作內容			
亮點成果 與收穫			
重點標籤			

接下來，就可以根據理想職缺的要求，將符合職缺的能力、經驗、特質的經歷和亮點成果，放進客製化履歷中，由於內容是履歷中的精髓，所以就不特別贅述剩下的履歷排版和撰寫技巧了，推薦大家上網查查各產業的履歷模板，寫完還是對自己履歷沒有信心的話，也歡迎多多運用市面上的履歷健診、履歷優化服務。

▌🚩 最適合你的轉職策略可以這樣制定

正式開始對外投遞履歷前，我通常還會再整理一個【轉職自評表】，希望能在開打求職戰之前盡可能完善評估好自身狀況：

首先，建議先把自評表的評分項目填上去，項目就填上 Chapter 4 中〈比起直接跳到結論斷定自己適合的產業和職務，應該先盤點「理想工作元素」〉小節分析出的理想工作元素，依照元素的重要程度不同，我會放上簡單的加權數值，不會太複雜，就是依照重要順序打上加權乘以 5 到 1，加權 1 的通常會有兩三個，對我來說就像是這份工作的加分項目一樣，影響不大但是小有加分。

每個項目滿分五分再去乘以加權的比例，大家可以搭配以下示範的表格試試看案例，對於小孟來說，本次轉職最重要的的元素依序為：

❶ 工作內容：必須與品牌行銷高度相關，且希望能有一定比例的工作項目是過去沒碰過的部分。

❷ 產業、環境：這次小孟不想再待在傳統的中小企業，所以希望能嘗試不同的企業文化，希望能嘗試有規模但是風氣自由的企業，目標考慮大型新創、集團中內部創業子公司、企業文化和風氣自由的跨國企業。

❸ 公司和部門規模：過去小孟都待在小公司單打獨鬥，覺得成長有限，所以這次希望自己待的部門裡有主管，也有兩位以上的同事，可以一起進行團隊合作。

❹ 薪水待遇：這次也希望薪水能至少每月有4萬元的薪水，超過都是加分，但是最少希望有四萬，在台北租房子比較不吃力。此外，也要把其他的獎金福利都加入考量。

❺ 最後幾項都屬於加分項目如公司的品牌名稱是否響亮並且具有正面影響力、職稱是否得體（例如希望至少不是助理職）和交通是否方便（例如通勤時間是否低於30分鐘、通勤費用是否低於 60 ／天）。

接著，透過自評表先評估出最有興趣的 15～20 個職缺，運用三種顏色分職缺等級：紅色－夢幻職缺；黃色－穩扎穩打缺；綠色－有十足把握的保底職缺。通常我的策略會首先投遞黃色的職缺，轉職的時候通常已經比較久沒有面對市場，若加上跨領域、跨產業對市場更需要試水溫，所以建議先看看黃色職缺投遞出去後的反應，邊投遞邊調整履歷和面試表現，一至兩週後，開始投遞紅色的夢幻職缺，幸運的話，可能根本不需要投遞到綠色保底職缺的部分，就已經拿到幾個工作選擇了！

當然在持續投遞的同時，一定有職缺持續釋出以及關閉職缺，這也是為什麼我會篩選出想投遞的 15～20 個職缺，因為很多職缺只是掛著，其實早就招募到人了，所以轉職期間的每個假日時，都會更新這份自評表，把沒有機會投遞的變成灰色，移動到最下面。

投遞時間		X/XX			
總評分	加權後評分	68			
產業、環境	4	直播產業／大型新創			
公司 &部門規模	3	公司 350 人、有主管、有同事			
公司Brand Name	1	XXX Brand			
Title	1	Marketing Manager			
工作內容	5	1. 撰寫新聞稿、宣傳文案 2. 執行品牌活動及宣傳業務 3. 整合統籌專案計畫之進行			
薪水待遇	2	月薪 $40,000 ＋三節獎金＋保證年終 2 個月			
交通	1	近			

接下來，中間會有不少面試和錄取通知的消息，由於在投遞之初已經針對各職缺評分過了，所以分數相差太多的很好做選擇，但是如果有分數相差很近的，肯定很猶豫究竟該選擇哪一個比較好？

這時候我會把面試完覺得八成有把握的職缺以及確定拿到的工作機會（通常不會有太多個），仔細思考每個選項。

- **對我來說最重要的優點**

     既然加權出來分數差不多，代表整體而言這份工作你在乎的條件差不多，這時候我通常會最後思考一下這些工作最吸引我的地方是什麼？為什麼吸引我？如果理性分析也都差別不大，可以選去面試時、求職溝通過程中，讓自己觀感更好，更想一起共事的團隊。

- **對我來說最大的缺點**

     列出私心不能接受的點，即便是如廁所超髒、辦公環境過度擁擠讓人喘不過氣等等，這種看似有點任性的理由也完全可以！也很建議如果有完全不能接受的點可以直接踢除掉，畢竟工作幾乎佔了一天中最大段的時間，不能忍受的硬要忍受，不是長久之計。

⚑ 掌握履歷面試攻略，增加勝率！

其實「求職」也是一門大學問，而履歷撰寫就是其中的一堂核心技能課程，只有專業硬實力，卻不知道該怎麼讓企業看見你的好，還是可能會在求職路上遇到許多阻礙，這樣就太可惜了！我們一起努力最大化過去的努力和累積，鎖定企業所需要的人才，根據自身經歷的優劣勢，將拼圖盡力拼成理想職缺所能欣賞的模樣。

首先可以先運用以下的【綜合履歷自我評量表】確認一下有沒有什麼需要改進的地方。

強烈建議想進具規模的國際企業的讀者，還是運用正式的一頁式 CV 格式撰寫，作品、圖片等有自由發揮空間、可以展現創意的部分，還是放在作品集和自傳，比較合適。若是投遞國際企業，公司也並沒有要求運用專用格式，請不要放上大頭照，專業形象照也不用，頂多附上 LinkedIn 連結，讓人資或是雇用主管有興趣再點進去查看。

如果有放上 LinkedIn 連結或是企業有要求放上照片，請放畫質清晰、穿著專業、表情自然且凸顯專業的照片，建議不要過度修圖、放上與現況嚴重不符、穿著裸露或是隨便、表情誇張、難看的照片。

 **Check List**

	履歷涵蓋 Education 教育背景區塊。
	履歷涵蓋 Work Experience 工作經驗區塊。
	履歷涵蓋 Leadership 領導經驗區塊。
	履歷涵蓋 Addtionals（Skills、Qualifications、Interests）區塊。
	Education 有提及畢業學校、學程、GPA（如果不錯的話）、與職缺相關的專業課程（如果 A 以上可以放分數）。
	Work Experience 與 Leadership 有明確列出公司名稱、職稱、在職期間。
	公司名稱若很冷門、偏新創、限定該領域人士才知曉的話，有於公司名後方精簡補充或是於敘述中介紹公司產業、背景，例如 ABC Co.（A Leading Healthcare PR Agency）。
	職稱已修正為同義的「常見說法」而非「奇特名稱」，例如前公司給的 Title 叫「EC Platform Expert」，太不常見，建議改成：EC Operations Specialist 或是 ECommerce Operations Specialist。
	已刪除任何無法客觀衡量的「形容詞」例如活潑開朗、負責任、有效率的。
	確認 Work Experience 與 Leadership 中列出的每項敘述是根據「重要性」與「職缺相符程度」排序而非「發生時間」。
	Work Experience 與 Leadership 中的內容皆有清楚描述「任務目的」、「執行策略」、「具體成效」。

	描述中所提及的數據，皆有明確根據，且有明確的加分意義，例如成效很差的就先不用寫了，或是放了乍看讀不懂到底好不好的數據，已運用比去年同期、同業平均，來說明這個成效之優。
	CV 中提及的每一項描述皆客製化潤飾，確保與投遞的職缺「高度相關」，無關的都確認移除。
	確認已修正內文中所有的專有名詞、行話或是縮寫，讓非專業背景的人也能一目瞭然。
	確認英文履歷中的每一個描述，基本上都是以「過去式動詞」作為開頭，並且由於並非完整句子，「無須」加上句點於結尾。
	已檢查過至少 3 次，確認履歷中沒有任何錯字，包含用錯單詞、拼錯字、文法錯誤等。
	確認履歷用 Times New Roman 或是其他正式、常見，不會太藝術以至於影響閱讀的字體。
	確認履歷皆套用 10 ～ 12 級大小的字。
	確認履歷皆有左右對齊、畫面齊整。
	確認履歷的間距不會太擠也不會留白太多，閱讀起來是舒適的。
	確認履歷剛好一頁（沒有太空也沒有超過一頁）。
	確認履歷的檔案命名為：【履歷】XX 公司 XX 職缺＿全名。

❶ 作品集

如果你想投遞的工作為 PM、行銷、設計等，基本上強烈建議附上作品集作為參考。作品集的格式或是呈現方式很多種，也沒有普世太嚴格的規範，運用網站、雲端連結、Notion、投影片、Canva 等等都可以，但是最重要且不變的是，作品集的目的是用來「加強佐證自己適合該職缺」的，所以製作時一定要時時記得這點，如果沒有達成此目的，即便作品集排版華麗也沒有加分。

📋 作品集 Check List

已根據重要和與職缺的相關度順序，依次放上作品的項目。
每個項目，除了圖片以外，都放上簡潔易懂的案例介紹。
每個項目已放上簡潔易懂的設計／製作理念和策略說明。
每個項目已明確說明自己於該項目中擔任的角色和任務。
每個項目已放上讓人眼睛一亮的成效與截圖證明。
作品集能明顯呈現個人特色、專長、優勢，例如集中火力凸顯某個相關能力、運用色調或是排版風格等呈現特色。
除了個人特色之外，作品集也搭配、運用企業的色調、風格和元素，讓人看了覺得你是他們的一份子。
作品集已於開頭處附上目錄，並於每頁標示清楚頁數，讓觀看者能馬上找到想看的部分。
確認作品集已開啟共享連結與權限。
確認作品集的檔案命名為：【作品集】XX 公司 XX 職缺__全名。

❷ 自傳

寫自傳也是許多新鮮人很煩惱的部分，但是如果你的硬條件普通例如學歷普通、成績普通、過往經歷普通，那麼自傳是能讓你好好說故事的地方，也是最有空間讓你為自己自我推薦的管道。

通常企業會想通過自傳來了解你的個人特質與工作價值觀，是否符合企業文化與該職缺所偏好的個人特質，所以寫自傳的時候，依然要寫出吻合職缺的故事，找出「對方想要的特質」與「你剛好也具備的特質」的重複點，一一透過敘事性方式凸顯。特別要提醒大家別害怕別人看不到自己的厲害之處，而洋洋灑灑地寫成偉人傳記、將畢生豐功偉業都記錄上去。

📋 **自傳 Check List**

> 已根據職缺的工作內容描述，列出所需人才的 5 大關鍵詞，例如 # 謹慎細心 # 善於溝通 等。
>
> 第一段開頭運用家庭背景、個人興趣等背景資訊，凸顯想呈現的人格特質。
>
> 刪除不必要的私人資訊如地址、血型、星座、歲數等。
>
> 第二段求學歷程中，運用故事展現團隊中常擔任的角色與領導風格。

第二段求學歷程中，運用故事展現與求職企業文化相符的處事價值觀。	
第二段求學歷程中，運用故事展現解決問題的邏輯、方式和態度。	
第三段工作經歷中，每一段故事都與投遞的職缺高度相關，且已於敘述中明確表示哪部分相關，例如：職缺要求具備新創團隊帶領經驗，敘述中直接列出過去於新創團隊中，帶領團隊完成專案的經驗。	
第三段工作經歷中，除了提出具體的成果、當時運用的能力之外，也提及在這些經驗中，自身能力上的提升和正向轉變。	
第四段列出非求學或是工作經歷中的相關特殊殊榮、成就（非必要）。	
最後一段寫下未來 3～5 年職涯展望與規劃，並再次於結尾處提及求職動機。	
撰寫未來職涯展望與規劃時，已提及這個職缺在你的職涯規劃中如何幫助你達到職涯展望。	
已確認每段敘述都緊密扣到該職缺所需人才的 5 大關鍵詞。	
每個段落都標記上「亮點小標題」或是 1～3 項 #關鍵字特質，讓人資能一目了然各段想凸顯的能力和特質。	
確認自傳中沒有負面描述、透露商業機密資訊等不合適的內容。	
檢查履歷與自傳的內容完全一致。	
適當運用列點、置入關鍵字、副標題等方式讓自傳更易閱讀。	
已檢查過至少 3 次，確認自傳中沒有任何錯字，包含用錯單詞、拼錯字、文法錯誤等。	
確認自傳皆套用 11～12 大小的字。	
確認自傳皆有左右對齊、畫面齊整。	
確認自傳的間距不會太擠也不會留白太多，閱讀起來是舒適的。	
確認將自傳大約 500～1000 字左右，濃縮於一頁內呈現（除非相關經歷特別多又精彩，但是仍建議至多不超過兩頁）。	
確認自傳的檔案命名為：【自傳】XX 公司 XX 職缺＿全名。	

接下來，獲得面試機會後，就需要為了應徵職缺準備面試，以下提供幾項面試準備建議和 tips，讓沒有太多面試經驗的夥伴，也能跟著脈絡快速準備。

面試準備攻略	我的準備	
	案例	搭配能力
1. 從履歷素材中，準備好 3～5 個萬用的案例說明和對應的 hashtag（沒錯，非常像是備戰托福口說的技巧）例如：問及 #團隊合作、#溝通能力、#與團隊起衝突的時刻等，即分享於 ABC 公司合作專案的經驗。	例：與 ABC 公司合作的專案	#團隊合作 #溝通能力
		# #
		# #
		# #
2. 熟讀職缺的招募內容，假設自己是用人主管，會最在意新人是否具備什麼能力特質？會想問來面試的人什麼問題？	假設我是主管，我希望招募的新人有什麼能力、特質和經驗： 能力： 特質： 經驗： 我想透過面試更加了解什麼：	

面試準備攻略	我的準備
3. 比對一下第一點和第二點，調整案例的分享方式、強調重點，以符合應徵職缺中所需要和偏好的人才。	案例一： #　　# 案例二： #　　# 案例三： #　　# 案例四： #　　# 案例五： #　　#
4. 補充關鍵背景知識：翻遍公司官網、公開報導、在職人士履歷，了解企業文化、偏好的人才特質、公司目前的發展重心。	公司的企業文化： 可能偏好的人才特質： 推估公司目前發展重心：
5. 想像自己成功獲得工作後，會如何度過一天？	我的任務目標可能會是： 我在任務中會遇到什麼困難： 同事可能誇獎我什麼做得很好：

面試準備攻略	我的準備
6. 依據第五點的推演，補充假設自己是用人主管，會最在意新人是否具備什麼能力特質？想問來面試的人什麼問題？	假設我是主管，我希望招募的新人有什麼能力、特質和經驗： 能力： 特質： 經驗： 我想透過面試更加了解什麼：
7. 重點準備自我介紹和根據第六點列出可能被問到的面試問題。	高機率被問的面試問題：
8. 有剩餘的時間再上網爬面試資源（包括面試通考古題、經典面試題）。	同企業同職缺面試考古題： 經典面試問題：
9. 練習面試回答技巧，運用很夯的 STAR 法則搭配前面準備的萬用案例，來讓回答更有架構。	練習運用 STAR 法則和建議比例套入回答一題面試題： S 情境／故事背景（5%）： T 具體任務／任務目標（10%）： A 採取的行動、策略（50%）： R 成效／收穫（35%）：

面試準備攻略	我的準備
10. Practice makes perfect! 務必反覆練習，建議請朋友擔任面試官詢問問題或是自己反覆錄影自問自答，並根據朋友的回饋與自己觀看影片中的表現，持續做細節優化與調整。 如果時間充裕的話，至少模擬面試、反饋、調整這樣完整的練習重複 3 次，如果時間不夠，好好練習 1 次，幫助也會很大！ Note：面試不是演講，不要背誦逐字稿，記得案例和想傳達的重點即可，練習的目的是要讓自己的面試表現，更凸顯自己適合此職缺的亮點，以及在當天緊張之下，還能有水準地表現。	錄影模擬面試回饋： 1. 表情管理： - 做得好： - 可以做得更好： 2. 儀態＆肢體語言： - 做得好： - 可以做得更好： 3. 穿著是否得體： - 做得好： - 可以做得更好： 4. 表達是否簡潔清晰且有重點： - 做得好： - 可以做得更好： 5. 面試完，你覺得會想錄用自己嗎？為什麼？ - 做得好： - 可以做得更好：

準備充足之後，面試當天務必要再次核對以下的【面試前必備 Check List】，確保自己能把握、掌控的部分都到位！

面試前必備 Check List

	確認公司要求攜帶的文件和物品都已備齊。
	確認已列印 3 份履歷。
	確認已列印 3 份自傳。
	確認已列印 1 份自傳和可供離線展示的電腦／平板。
	確認好前往面試地點的路線，並提早 1 小時抵達附近咖啡廳（當天提早 5 分鐘抵達即可）。
	提早準備好面試用的服裝（熨燙襯衫、裙褲、鞋子和包包）。
	於包包中準備小瓶瓶裝水，避免當天因口渴、喉嚨狀況不佳讓自己更緊張。
	於包包中準備筆記本與筆，以備不時之需。
	把禮貌和大方的微笑帶在身上，把進入公司的那一刻起當作面試開始。
	最後，記得跟自己說：你很棒！一定沒問題的！

最後，在這一小節結束之前，簡短整理一下這幾個章節的精華：

新鮮人轉職指南

 **Start**

①首先，搞清楚轉職目的

你為了
什麼轉職？

下一份工作
想獲得什麼？

下一份工作
想避免什麼？

②盤點過去的努力

具體達成
什麼目標？

接手過
的任務

運用什麼技能／
策略／個人特質？

收穫什麼
經驗／新知？

3 整理理想工作的條件

- [ ] 工作內容
- [ ] 條件要求
- [ ] 偏好的個人特質

4 比對 2. & 3. 的差距

若想獲得此份工作
寫下我的優勢是什麼：
寫下我「必須」補足什麼：

5 如果獲得面試機會，建議先做 3 件事

熟讀職缺的招募內容
↓
當個偵探，翻遍公司官網、公開報導、在職人士履歷
↓
想像自己成功獲得工作
- 會如何度過一天？
- 會遇到什麼困難？
- 同事可能誇獎我什麼？

GOAL　恭喜你又更接近
理想工作一大步！

❸ 我是職場經驗 0～2 年的新鮮人想轉職，該怎麼做準備？

首先，搞清楚轉職目的：

- **你為了什麼轉職？**
- **下一份工作想獲得什麼？**
- **下一份工作想避免什麼？**

接著，盤點一下至今為止的經驗、成就和作品：

- **建議地毯式條列出每項任務，你運用什麼技能、策略和個人特質，具體達成什麼目標？**

下一步，直接去求職平台或是理想公司的網頁上，整理出自己的理想職缺重複要求的部分，包括：

- **工作內容**
- **條件要求**
- **偏好的個人特質**

撰寫履歷前，比對一下盤點過的個人背景、經歷、技能和亮點成果，針對理想職缺呈現自己的優勢。

最後，如果拿到面試機會，首先建議做兩件事：

- **熟讀工作招募的內容，想像你成功應聘上，你會如何運用自己的個人特質、技能和經驗優勢，好好勝任這個職缺**
- **透過公開報導、官方網站、公司前輩等人脈資源，推斷公司未來的大方向，以及未來所在部門和職位會在公司前進中擔任什麼角色**

接下來，再去針對面試常見問題一一練習，會更有頭緒。

最後，歡迎掃描此 QR Code，填寫表單取得所有表格的電子版本，有任何疑問或是心得，也歡迎透過 Instagram：@slashieic 或是 Email：slashieic@gmail.com 聯繫我。

很謝謝花時間用心讀到這裡的你，也祝福你能透過這本書釐清自己的生涯規劃、認清自己在乎的內在價值觀，並和無數的夥伴一起，運用職涯讓自己更接近理想生活。

通識課 007

完全**求職、轉職指南**

職業倦怠解方✕職能優勢分析✕求職計畫準備✕轉職策略接合，
職涯規劃一本通、

職涯新思維帶你看見職業發展的無限可能！

作　　者	Irene Chang艾琳
顧　　問	曾文旭
社　　長	王毓芳
編輯統籌	耿文國、黃璽宇
主　　編	吳靜宜
執行主編	潘妍潔
執行編輯	吳芸蓁、吳欣蓉
美術編輯	王桂芳、張嘉容
封面設計	阿作
法律顧問	北辰著作權事務所　蕭雄淋律師、幸秋妙律師

初　　版	2022年07月
出　　版	捷徑文化出版事業有限公司──資料夾文化出版
電　　話	（02）2752-5618
傳　　真	（02）2752-5619

| 定　　價 | 新台幣350元／港幣117元 |
| 產品內容 | 1書 |

總 經 銷	知遠文化事業有限公司
地　　址	222 新北市深坑區北深路3段155巷25號5樓
電　　話	（02）2664-8800
傳　　真	（02）2664-8801

港澳地區總經銷	和平圖書有限公司
地　　址	香港柴灣嘉業街12號百樂門大廈17樓
電　　話	（852）2804-6687
傳　　真	（852）2804-6409

▶本書部分圖片由 freepik 圖庫提供。

捷徑Book站

現在就上臉書（**FACEBOOK**）「**捷徑BOOK站**」並按讚加入粉絲團，
就可享每月不定期新書資訊和粉絲專享小禮物喔！
http://www.facebook.com/royalroadbooks
讀者來函：royalroadbooks@gmail.com

國家圖書館出版品預行編目資料

完全求職、轉職指南：職業倦怠解方✕職能優勢
分析✕求職計畫準備✕轉職策略接合，職涯規劃
一本通 / Irene Chang艾琳著. -- 初版 -- 臺北市：
資料夾文化, 2022.07
面；　公分（通識課：007）
ISBN 978-626-7116-12-8（平裝）
1. 就業　2. 職業流動　3.職場成功法
542.77　　　　　　　　　　　　111008198